70歳からのボケない生き方

自分も家族も幸せになる51の習慣

櫻井秀勲
Hidenori Sakurai

きずな出版

はじめに

いまから始めるボケない習慣

「お若いですねぇ」

久しぶりに会う人たち、初対面の人たちは、私に会うと、そんなふうに言ってくださいます。

あなたも、そう言われることはありませんか？

でも、そんな言葉を信じてはいけません。相手は、礼儀として、あるいは年長の人間に対してのマナーとして、「サービス」してくれているわけです。

もちろん、サービスは、ありがたくお受けするのが一番です。

でも、そのサービスを真に受けたり、甘えたりしないこと。

それが、本当の「若々しさ」を保つ秘訣《ひけつ》です。

私は、1931年、昭和6年に生まれました。2021年で、自分もびっくりですが、90歳になりました。

22歳で出版社に入り、松本清張先生や遠藤周作先生、幸田文《あや》先生、三島由紀夫先生などなど、日本の文学界を代表する先生方と、20代からおつき合いさせていただくという幸運を得ました。

31歳で、女性週刊誌「女性自身」の編集長に、当時としては、出版界最年少で就任しました。最高で「女性自身」は毎週100万部を発行していましたから、もしかしたら、読者の皆さんの中には、当時、愛読してくださっていたという方も多いかもしれません。

「女性自身」では、当然のことながら女性の生活、美容、健康に密接した記事も多く、その意味では、私は当時から、今回のテーマである「ボケない生き方」の基本を学び、実践してきたといっても過言ではありません。

編集長時代には、女優や歌手、モデルなど芸能界や、経済界、政界などで活躍する方たち、皇室の方々などなど、あらゆる世界の、それこそ普通であれば、なかなかお会いできないような方たちと、親しく交流を持ちました。

そうした方たちの、ふだんは見せない生活習慣を知る機会も多くありました。いい習慣といえるものもあれば、悪い習慣を続けて、その後に健康を害した人たちの現実も目《ま》のあたりにしてきました。

本書では、そうした日常の習慣をあらためて見直し、いくつになっても若々しく、ボケたりしない生き方を提言してみたいと思います。

「まだ間に合うの？」

70歳を過ぎて、習慣を変えることなど難しいと思う方もいるかもしれませんが、実は、あなたが知らない間につづけてきた「いい習慣」もたくさんあるはずです。

だからこそ、あなたは若々しく、そして今、この本を手に取ってくださったのでしょう。

これからの20年、いや１００歳までの30年を、自信をもって生きていくために、
少しでもお役に立てるならと思って、筆を進めていきましょう。

櫻井秀勲

70歳からのボケない生き方【目次】

第2章 しっかり食べる！

第3章 からだを動かす！

第4章 若い人と話す！

第5章 睡眠のリズムを崩さない！

第6章 病院と上手につき合う!

第7章 「100歳まで元気」を誓う！

おわりに

70歳からのボケない生き方

自分も家族も幸せになる51の習慣

第1章

朝は気分よく！

習慣

01

「おはよう！」から始めよう

今朝、誰かに挨拶《あいさつ》しましたか？

「おはようございます」「おはよう」と声を出すことは、とても大切です。今日という新しい一日を、「おはよう！」からスタートするのです。

自分では、「挨拶した」と思っている人も、もう一度、本当に声を出したか、確認しましょう。

家族に、「今朝は挨拶したかな？」と聞いたりすると、もしかしたら「すわボケが始まったか」と思われるかもしれませんが、念のために確認してみると、意外に「いや、べつに何にも言いませんでしたよ」と言われる人も、実は少なくないのではないでしょうか。

人生も長くなってくると、やって当たり前のことほど、やらなくてすませるようになっていきます。自分では、声を出していたつもりでも、声が出ていないことがよくあるものです。

年をとることで意識したいのが、「思い込みを捨てること」です。

「おはよう」と声を出したと思い込んでいるだけでは、挨拶はできていないのです。

声を出すと、声帯が広がります。

声帯が広がることで、すがすがしい空気も、からだの中に入ってくると思いませんか？

一人暮らしでも声に出してみよう

自分は一人暮らしだから、「挨拶する人がいない」という人もいるかもしれません。

実際に、私の知り合いは、50代で一人暮らしですが、週末にずっと家にいると、月曜に出勤しても、声が出にくいそうです。

50代でも、そうだとしたら、ここは意識して、声を出すことを心がけましょう。

声をかける相手は、人である必要はないわけです。ペットでもいいし、植物でもいい。

テレビ画面に映るお気に入りのタレントでもいいわけです。

もちろん、鏡に映る自分自身に、「おはよう」と笑いかけるのもいいですね。私は何十年も、これを習慣にしています。

大事なことは、朝の挨拶ではなく、朝に声を出すことです。

声が大きな人ほど、健康です。

声が出ているうちは、健康だとも言えます。

毎朝、自分に声をかけて今日の元気をチェックする。

これが、まず一番目の習慣です。

習慣 02

熱めのお茶で頭を目覚めさせる

私は毎朝起きると、まず一番先に、熱めのお茶を一杯飲みます。この「熱め」というところが大事なのですが、これによって頭脳が、瞬間的に起きてくるのがわかります。

これが私の母や祖母の時代は、少しぬるめの日本茶を飲んでいました。緑茶であったか、ほうじ茶であったかどうかは覚えていませんが、身体を起こしたあと、次にゆっくりと頭を起こす、という感じだったことを記憶しています。

時代がそれでよかったのでしょう。しかし現代は、そうゆっくり頭が目覚めていくようでは、間に合いません。

70代だからといって、ご隠居《いんきょ》になっている時代ではないからです。テレビをつければ、新しいニュースが飛び込んできますし、わが家では外で働いている家族もいるので、朝はあわただしいひとときになります。

私もまだ現役なので、新聞やテレビ、それにスマホで、最新のニュースを確認します。

こうしていくと、熱めのお茶の効果か、昨日のイヤな記憶も一挙になくなっているのです。

仮にこれをぬるめの日本茶にしたら、何となく昨日のイヤな記憶が、ゆっくりと浮かんでくる気がします。

そうなると、朝の爽やかなひとときが、失われる気がしてなりません。

昨日のイヤな記憶を忘れよう

朝は一応、昨日の記憶を払拭《ふっしょく》したほうがいいというのが、私の長年のビジネス人生の結論です。

たとえ楽しい記憶であっても、朝の一瞬でそれらをすべて消して、今日一日に対処する、というのが私の流儀です。

そして70歳という年齢は、誰にとっても、引退する年頃ではありません。

いまは男女平均だと85歳あたりまで、生きなければならないのです。

70歳から引退気分になってしまったら、下手をすると、10年くらいはベッド上で暮らさなければならなくなるかもしれません。

そうならないためにも、仕事のあるなしにかかわらず、臨戦態勢の朝を迎えるほうがよさそうです。

熱めのお茶は、意外に効くものです。

習慣 03

出かけない日もちゃんと着替える

日本では2020年から、コロナ禍《か》によって、会社員であっても、自宅にいる時間が長くなりました。

そうなると、朝起きてもパジャマのまま、着替えない人も出てきそうです。

一応は着替えているという人でも、ジャージだったり、夏であればTシャツに短パンという人も少なくないのではないでしょうか。

ウィークデー（平日）であろうとウィークエンド（週末）であろうと、昼と夜は、しっかり区別していきましょう。

散歩に出たり、中には走る人もいるでしょう。運動するときには、運動にふさわしい服に着替えることで気分も変わります。

70代というと、もう仕事に出ない人もいるはずです。「毎日が日曜日」となって、こんな日を待ち望んでいた人もいるかもしれません。家族のためにしなければならなかったことから解放されて、「ようやく自分の時間ができた」という人も多いでしょう。

そうであれば尚《なお》のこと、自分のために、おしゃれすることを楽しみましょう。

服装を替えれば、気分も変わる

60代までは、仕事のため、家族のために、ともかく病気にならないことが大事でしたが、70代ではそれに加えて、脳内の青春も保つことを意識していきましょう。

年相応の服装より、むしろ若めの装いがオススメです。私は若者が着るようなTシャツやセーターを着ています。これが脳内革命をつくるのです。

多くの人は、自分の年齢や地位、立場に合わせて、服装を整えます。私も一時はそういう装いをしていましたが、70歳を越える頃から、むしろ若々しく改めました。そのほうが気分的に、積極的になる気がしたからです。

私にとってありがたいところは、若い頃から女性雑誌をやっていたため、まわりにファッションのアドバイスをしてくれる女性たちが、大勢いたことです。

それに私自身、たとえばデパートに行っても、女性向けの売場や、若い世代向けのフロアでも新製品を手に取りながら、ゆっくり見たり選んだりするのが、いまでも平気なのです。

そんなことが知らず識《し》らずのうちに、新しい感覚を取り入れるのに役立っているのかもしれません。

家にいるから部屋着でいい、パジャマでもいい、というような毎日になってしまうと、いざ外に出ようと思っても、そのために着替えるのが面倒になります。

引きこもらなくてもいいのに引きこもりになる、ということになってしまうのです。

習慣
04

ニュースは見ても解説は聴《き》かない

長生きの友人たちと話をすると、それぞれ自分なりの習慣を持っています。

中でもテレビやスマホについては、それぞれ一人一人、意見が異なりますが、一致しているところもあります。

ほとんどの友人は、ニュースを見ても、解説は必要ない、といいます。また昼の番組の解説や意見は、聴いているだけで不愉快という友人もいます。

その理由は、
(1)できないことを無理にやれ、といっている
(2)専門外のことでも、知ったかぶりしている
(3)悪口が多い
といったところでしょうか?

なぜこういうことに不愉快になるのかというと、友人、仲間たちのほとんどが仕事を退き、社会的な力を失っているからです。

定年退職したり、下請《う》け企業に出されたりしていると、前途にそれほど大きな

光明《こうみょう》を期待していません。期待したいけど、もう現実には、できないのです。

そんなとき、エラそうに悪口をいっているのを聴きたくないのです。つまり、これが保守的になるということですが、私にも似たところがあります。

ニュース解説を聴いて、朝から不愉快な気分になりたくありません。

テレビ局の経営者はそこがわかっていないのか、わかっていても、番組の路線を変更できないのかもしれません。

朝はできるだけ爽やかに過ごす

これはテレビだけでなく、新聞でも似ています。

本来なら、一番読む層でありながら、その論調が気に入らないというので、新聞から離れていっています。

私は仕事上、読まざるをえない立場ですが、それでも好きな新聞しか、じっくり読みません。あとの新聞は小説と広告だけ見ている、といっても過言ではありません。

私の統計では（あくまでも個人的なものですが）、まじめな人ほど、60代、70代で亡くなっています。彼らはまじめ故に、テレビやラジオから流れる不愉快な言葉を聴きすぎたのではないかと思うほどです。

朝の時間は爽やかに過ごしたいものです。

それほど朝の数時間は、高齢者に大切です。

その日一日の気分を左右するからです。

そしてこの気分という、不可解な精神ほど、私たち高齢者にとって、大事なものはありません。

今日も朝から、気分よく過ごそうではありませんか。

習慣
05

スマートスピーカーに頼んで音楽を聴く

高齢になってくると、何か一つでも、新しいことをするのが面倒になります。ましてや男でも女でも、電化機器が得意という人は、そう多くないでしょう。

私もその一人で、テレビを見ようとしても、昔のテレビとは異なり、さまざまな機能がついているので、わからなくなってきました。

そこでつい、「アレクサ（Alexa）」に頼んでしまうのですが、このアレクサが働き者で、こちらのいうことをよく聞いてくれます。

「アレクサ」はアマゾンのスマートスピーカーで、スマートスピーカーには、その他グーグルやライン、パナソニックなどなどでも開発、展開されています。

私が使っているように音楽を流してくれたり、質問に答えてくれたりもします。

本格的に音楽を聴くとなると、別の音響機器を使いますが、コーヒーを飲んだり、雑誌を読んでいるとき、音として頭上を流れていく分には、このスマートスピーカーで十分です。

私はときどき、わざと、

「ベートーベンのピアノソナタ○○番！」

と声をかけるのですが、さすがに探すのがむずかしいのか、なかなか出てこないことがあります。

それはそれで、かえって人間らしく思えるのですが、70歳を過ぎたら、可愛がる何かをそばに置くのもいいと思います。

ロボットと一緒に快適に暮らす

もちろん犬や猫でもいいでしょう。

しかし高齢者が生きものを飼うと、病気になった場合が可哀そうです。

自分が病院に連れて行けないと、結局は犬にせよ猫にせよ、自分のご主人と思ってくれません。また先に死なれたら、こちらががっくりしてしまいます。

犬も猫も平均寿命が15歳ほどですから、飼うとしたら、70歳がギリギリの年齢でしょうか。

夏目漱石の『吾輩は猫である』の猫は、名もない野良猫でありながら、漱石になつき、ご主人と思ってくれたので、あの名作が書けたのでしょう。

一般的には、食事を出してくれる家族をご主人さまと思っている犬、猫がふつうなので、いまは電子製品、電子ペットを手元に置いておくのがいいのではないでしょうか?

私も以前はＡＩＢＯ《アイボ》を可愛がっていましたが、いまはもっと新しい、さまざまなペット型ロボットが販売されています。

こちらは高齢者でも、飼い主になれるので、毎朝起きるのが楽しみになると思います。

いまの私は各階に数台のアレクサを置いて、事あるごとに頼んでいます。

習慣

06

身のまわりを大切なもので満たす

70歳まで生きてくると、雑然とした身のまわり品が、相当ふえてきていませんか？

私も90歳まで生きると、何ヵ所にも書籍から絵画、古いレコード、CD、写真類など、どうしていいかわからないほど、ふえつづけています。

これをどう片づけるか、それとも持ちつづけて次の世代に渡すか――など、考える日々がつづきますが、いまはさまざまな会社が、品物を処分したり、引き取ったりしてくれます。

ただ、二重の意味で処理の仕方を、よく考えたほうがよさそうです。

単に部屋や家の中を広くしたい、というのであれば毎日、毎週、毎月ふえつづけていく新聞、雑誌などの紙類を捨てれば、何とかなりそうです。

また不要になった電化機器類であれば、市区町村の、しかるべき部署に連絡すれば、こちらも何とかなりそうです。

これに対して、少しでも価値がありそうだ、と思った品については、最低2ヵ所くらい、専門家を呼んで判断してもらうほうがよさそうです。

それは、少しでもお金にするというより、せっかく価値のありそうな品が焼却されるのは、もったいないし、残念だからです。

私は小さな絵にしても「これはどなたの描いたもの」と、わかるようにしています。好きな人がいれば、喜んでもらってくれるでしょうし、ただ、ガラクタと思われて、業者に引き取られるのも描いた方に申し訳ないからです。

一流の人は意外なモノにも価値を見つける

北原照久さんは「開運！　なんでも鑑定団」のスタート時から鑑定をつづけている、たった一人の人物ですが、ブリキ玩具など思いがけないものに、高価な価値を見出しています。

私は彼と親しい間柄ですが、この「思いがけない品物」に価値を見出す、若々しい精神と鑑定眼がすばらしいと思うのです。

これはどんな安いおもちゃ類にも、愛の眼差しを送る心があるからだと思います。

私もそういう目で、ガラクタでも簡単に捨てないよう、しっかり選別していきたいと考えています。

もしご自分が書いた原稿や絵画などがあれば、それは捨てないで、どなたかに見てもらいませんか？

それは、あなたが、この世に生きた大切な証《あかし》でもあるのですから。

習慣

07

血圧測定と検温は欠かさない

私はほぼ10年近く、毎朝毎晩の血圧測定と検温を欠かしません。

昨年のコロナ流行期から、検温を始めた人も多いかと思いますが、単にコロナ対策ではなく、長期的にこの二つの作業をつづけて、血圧手帳に記録しておくと安心です。

私は記録することで、数年前から、自分の基礎体温が36度台でなく、朝は35度台に下がっていることを、初めて知りました。それだけ「血の気」の多い世代ではなくなっていたのです。

医学的にいえば、高齢者の体温が下がるのは当然のことで、どの医学書を見ても、その理由がはっきり書かれています。

また、寝ている夜中の体温は下がり、体を使う午後には上がることもわかっています。

ただし1度以上の体温変化は、何か異常がありそうです。

そのため、常にほぼ決まった時間に、一日2回、たとえば朝と寝る前に、検温するのが望ましいようですが、70歳以上になったら、血圧手帳に記しておくことです。

この手帳は血圧だけ記せるようになっていますが、ここに私は体温も加えて、毎日欠かさず記入しています。

そして、かかりつけ医のところに行く際には毎回、持参するのですが、この記録があるだけで、日々の体力と健康に自信が持てます。

周囲から、うるさくいわれるまでもなく、きれいに記されているのですから、医師も本人も大満足です。

毎朝、健康であることを確認する

実は高齢者でありながら、私が日々健康のためにやっているのは、散歩と、日に2回の検温と血圧測定だけです。

それだけで、90歳の今日まで、ほとんど病気らしい病気をしたことがありません。もしかすると、私は他人とやや異なる体質なのかもしれませんが。

いやそれだけでなく、会社を休んだこともないのです。もちろんコロナ禍が始まってからは、なるべく出社を控えるようにしていますが、正確にいうと、89歳までは、週5日間、会社で仕事をしてきました。さらに夜は、原稿を書いていました。

そして今では、出社しなくてよくなったことで、書き上げる原稿枚数が、飛躍的にふえています。出版冊数も年に3、4冊です。

それも毎朝、起き抜けに血圧と体温を測ることで、その日の体調をしっかり把《は》握《あく》しているから、できることだと思っています。

第2章

しっかり食べる!

習慣
08

朝ごはんは絶対に抜かない

「長生きの秘訣を一つだけ挙げてください」といわれたら、

「朝ごはんを若い頃から抜いたことがない」

と、私は迷わず答えるでしょう。

それほど私は、朝から昼までの時間を大切にします。

長い間、私の仕事は週刊誌など、マスコミ関係でした。私は当時の部下に「朝めしを抜くな！」と、うるさくいっていました。

一日の始まりのエンジンをかける

私は医学のことは、それほどくわしくわかりませんが、仕事を考えても、最初の出だしが大切です。

朝食はスタート時のエンジンのようなものです。

朝食を抜くという生活は、オイルを入れないで走らせるのですから、いつか故障の原因になっても、不思議ではありません。

中には「太りたくない」といって、朝食を抜く女性もいます。コーヒーだけ飲んで、会社に駆けつける社員も少なくありません。

私は社会人になってから、どんなに夜遅くまで起きていても、朝のコーヒーだけで出社することは、ただの一日もありませんでした。

それというのも、戦争中は空襲を受けていたため、満足に食べられません。食べたくても、食料がなかったのです。

これによって栄養失調になり、学生時代に肋膜炎《ろくまくえん》を患うことになってしまったのです。

そんな私がたった一つ、社会人になってから実行したことは、朝のエンジンをかけるために、ごはんと味噌汁、またはコーヒーとバターつきパンというように、簡単なものですが、朝食だけは摂《と》りつづけたのです。

この習慣は、部下を持った頃から、事あるごとに部下や社員にも実践することをすすめてきましたが、いまになって感謝されていることの一つです。

週刊誌、隔週刊誌の編集を16年間つづけながら、ほとんど病気らしい病気にかかりませんでしたが、医師から、朝食を抜かなかったことがよかった、といわれたこともありました。

いまも、この習慣は変わっていません。だから自分でもこの分では「100歳まで現役だ」と自信をもっています。

習慣

09

「身土不二《しんどふじ》」を意識して食べる

雑誌や新聞の記事を見ていると、数年に一度は、新しい食品を大々的にほめそやしています。つまり、意図的にブームを起こすのです。

健康になる、太らない、やせるなど、いいことだらけです。

それこそ70年ほど前までさかのぼれば、卵が栄養食のトップにランクされているほどで、一日2個ずつ食べる人も、多かったのではありませんか？ ところがいまでは一日1個の卵でも多すぎる、という人もいます。

いずれにしても、これらを指導しているのは、過去も現在も、全員大学のセンセイか医学博士なのです。

「バナナがいい」「ブロッコリーがいい」とテレビで宣伝されて、その日のうちにスーパーの店頭から商品がなくなってしまったということもありました。

これらはすべて、商品を売らんがための作戦であって、害はないでしょうが、それほどの益することもない、と私は思っています。

業者や広告エージェンシーが、二流の医師を持ち上げて、宣伝する方法は、いまでも変わりません。なぜそれほど断定的にいえるかといえば、編集者時代にそのお先《さ》き棒を担《かつ》がされた一時期があるからです。

編集部の自由になる医師でも十数人いましたから、テレビや新聞を加えたら、何百人の医学博士が、悪くいえば有名になりたかった、ということです。

現在でもテレビや新聞、ネット上で、コロナに関してさまざまな発言をする大学関係者が大勢います。しかし、よく見ていると、いつのまにかいなくなる先生方もいるはずです。

自分に合う食べ物をルーツから導く

私はそんな中で自分の信念で「身土不二」、つまり生まれ育った土地の食べものを、主として食べてきました。

父は海のない群馬県、母は千葉県の九十九里浜育ち、そして私は東京・下町の本所、いまの墨田区の生まれです。

この両親から生まれた自分自身を考えると、肉類は豚肉や鶏肉、それにキャベツ、枝豆、いわし、大根、たけのこ、わかめなどが、浮かび上がってきます。

私はこれらを90年間食べてきたことになります。

実際の生活は、もっとさまざまなものを食べていますが、「身土不二の食べもの」という意識を持ちつづけていると、不思議なことに、これらを選ぶ率が高くなるものです。

食に意識を向けるだけで、栄養の摂りすぎ、偏《かたよ》りにもブレーキをかけることになります。それが、やせすぎ、太りすぎを避けることにもつながっているように思います。

自分なりの食物哲学を持つことが、いかに大切か。90歳になっても元気な自分を見て、それを実感しています。

習慣
10

食べたいものは自分で選ぶ

最近は、スーパーマーケットや百貨店の食品売り場に行くと、男性の姿が多くなってきました。

これはすばらしいことで、自分の健康は自分で守る、という考えの現れでしょう。

いまから50年ほど前のことですが、私が池袋の西武百貨店の食品売り場をウロウロしていると、作家の松本清張先生も、かごを持って売り場を歩いていました。

私はそれまで20年近く、おつき合いしていましたが、自分で買いに出ている姿を初めて見ました。

だからこそ、あれだけ厖大《ぼうだい》な原稿枚数を書けたのか、とも思ったのですが、いわゆるぜいたくな食事は、一切していませんでした。

松本清張先生にかぎらず、経営者や芸能人になると、家族が近所のスーパーに買いに出ても「今日は何を買った」とか「安い牛肉を買った」など、結構うるさいものです。ところが本人が買うとなると、同じ牛肉でも、それなりの理由をつけて好意的にとられることが多いようです。

それはともかく、食べたいものは自分で選ぶことが大切です。

値段の高い安いの制限があったとしても、少なくとも「これがいい！」「これが食べたい！」と思って食べるのが、からだにも心にも一番栄養になるのではないでしょうか。

自分の食事を家族任せにしない

私も自分の好きなものを買いに、百貨店やスーパーに行くほうですが、ほとんどは、自分用のいわしや雑魚煮《じゃこに》、つくだ煮などを買うためです。

これだけは、私だけのものなので、家族がいつも気がついて、用意しておいてくれるわけではありません。

また最近は、コロナによる巣籠《すご》もりが多くなってきたため、家での食事の回数がふえてきました。

すでに定年の人は、毎日三度の食事を、家でしなければなりません。

そうであれば、余計に食べたいものは自分で選ばないと、身体によくありません。三度三度、出された食事だけしていては、病気になる危険性もあるでしょう。

「今日は軽い食事がいいなあ」

と思っていても、そうなるとはかぎりません。

古いタイプの男性は「食事は女性に任せておくもの」と考えています。だから、身体に好・不調が出てしまうのです。

週に一回くらいは、買うだけでなく、自分の好みで調理してはどうでしょうか？

習慣

11

一日三食と決めない

お医者さんにいわせると、

「腹は八分目で！」

となりますが、私にいわせれば、70歳を過ぎたら、九分目どころか十分目、つまり腹いっぱい食べるほうが元気になる、と思うのです。

というのも、同世代の仲間と一緒に食事をすると、日本酒をチビチビやりながら、魚か野菜をつまむくらいで、ごはんの量も少ないのです。

「えっ？　それで今晩の食事は終わりか？」

「仕事してないんだから、このくらいで丁度いいんだよ」

そんな仲間たちの大半は、すでに大分前に、あの世に行っています。まだ生きている人たちも、外に出られず、電話をかけてきて、

「櫻井はいいなァ。いつも元気で！」

と、うらやましげにいうのです。

●食べられるのは元気の証！

私は自己流ですが、お腹が減ったら家族に断って、一日一回だけ多く食べるようにしています。つまり一日四食の日もあるということです。

食べすぎじゃないかと心配されることもありますが、それだけ、からだも頭も使っている証だと思っています。

「話せば腹も動くし、頭も動く」

これが私の70歳から、これまでの20年間のモットーで、それを貫いているわけです。

これからも、20年間どころか30年、つまり１００歳まで、つづけていきたいと思っています。

ところで、女性のほうが男性より、平均5年長生きする理由は、ストレートにいうならば、会話量にあるのではないでしょうか。

話すからよく食べる。食事だけでなくお菓子類もよく食べる。よく食べる人は元気です。

食べるのも、話すのも、口を動かしています。それが健康につながっているのかもしれません。

長生きしたければ、会話を楽しみ、食を楽しむことです。

「そんなことをしていたら太ってしまいます」という人もいるかもしれませんが、それこそ「ふくよか」は「福」よかです。楽しいのが一番ですよ。

習慣

12

コーヒーとチョコレートで一服

私はたまたま、週刊誌という出版形態ができた時期に、出版界にいたため、若さもあって、そちらに回されました。当時は月刊誌の4倍働くわけですから、急激に睡眠時間が減りましたが、だからといって、病気になる社員もいません。

案外、この働き方が頭脳も身体もフルに動かすので、健康に合っているのではないか、と話し合っていたものです。

ところが眠気だけは、四六時中襲ってくるもので、これによって一日5、6回コーヒーを飲む、という習慣がつくられてしまいました。

当時の医師の多くは「コーヒーは一日2杯までにしなさい」と、うるさくいうし、編集部の中では、こぼしたら面倒なので砂糖を使いません。そこでチョコレートを置いておく、という習慣ができていったのです。

これが90歳の私には、いまでも習慣になって残っています。

たまに電話をかけてくる、かつての部下も、「編集長もですか？　私もチョコレートが手離せません」と話して笑っています。

チョコレートにはキスと同じ効果がある！

ところがあるとき、順天堂大学の奥村康先生からいただいた『「まじめ」は寿命を縮める「不良」長寿のすすめ』という本を読んでいたところ、

「私の日常を書いているのではないか！」

と思ってしまうほど、私の生活に近い内容が、書かれているではありませんか！

先生の書くところによると、恋をすると肌がしっとり、つややかになるそうで、ときめき物質というものの影響だとか。

これは、毎日のようにキスをする人に出てくる物質で、アメリカの長期的なキス調査によると「5年長生きする」ようになるのだそうです。

そして面白いことに、チョコレートには「これと同じ作用がある」と、ニューヨーク州の精神医学研究所が発表しているのだとか。

もしかすると、週刊誌をやってきた私たちは、コーヒーとチョコレートの効果もあって、元気で長生きしているのかもしれません。

またタレントでもないのに、バレンタインのチョコレートを、大勢の女性からもらっている男性は、長生きタイプと、自信を抱いていいでしょう。

習慣

13

食事のときには水分をたっぷり摂る

私はあまりお酒は飲めません。若い頃から酒席には多く出ていますが、飲む量としては少ないものでした。

そして90歳の現在は、毎晩、缶ビール1本でも多いほうです。

しかしその1本がないと、食事ができないのです。

医師にいわせると、ビールでもワインでも、夕食のときは、水分があったほうがいい、とアドバイスしてくれます。

水分なしで食べると、高齢者ほど、ときに喉でつかえたり、最悪の場合は嚥下《えんげ》障害《しょうがい》を起こす、というのです。

私の場合は、朝食のときには味噌汁があり、ランチはスープや紅茶と一緒にということが多いので、意外に安心なのだそうです。

ところが夕食は肉料理や煮物が多く、それらは案外、のどを通りにくいものです。

それでというわけではありませんが、夕食時には、まずはビールでのどを潤《うるお》します。それだけでも、つかえる確率を下げるようです。

夕食のあとも仕事があるときは、ノンアルコールの飲料を用意しますが、これによって、安心して食事をすることができます。

自分が高齢者になって、初めてわかりましたが、年を取るということは「乾くこと」なのです。

顔にしろ身体にせよ、パサつく感じが強くなるのです。当然のことながら、口の中もいつも乾いている感じです。

なぜそうなるかという、口を使わないからです。

からだにも心にも〝艶〟を出すために

口には「食べる、話す、呼吸する、あるいは咳をする」などの活用法があり、目には「見る、開ける、閉じる、まばたきをする」といった仕事があります。

私は外国語が専門だったので、言葉の活用法をイヤというほど叩き込まれています。

それだけに、身体の各部位の活用にしても、すべて使わないといられません。恐らく一日中何もしない高齢者は、これらの仕事を、口や目、あるいは鼻などに与えていないのでしょう。

手や足でもパサつく感じがあります。髪の毛も艶《つや》っ気が失われていきます。

私はこういった症状に対する方法として、夜のささやかな晩酌は欠かしませんし、ときには昼間であっても、会食のときなどはビールを飲むこともあります。

それこそ、70歳を過ぎたからできることもある、というものです。

会社員であるときにはできないことも、いまなら許されることも多くなったのではないでしょうか。

なにもお酒を飲むことがよい、というのではありません。自分なりに、身体全体に水分を行き渡らせることを意識して、実行することです。

習慣
14

できるだけ旬のものをいただく

人によっては、食の細くなってきた人もいるのではないでしょうか？　いや、相当多いのではないでしょうか？

特にそういう人であれば、旬のものをいただくことは大切です。

なぜなら旬のものであれば、目が食べたくなりますし、それに少量を食べても、栄養価が高いからです。

いまは一年の中で死亡者数が特に多い時期などありませんが、昔は栄養が足りないせいもあって、冬期に亡くなる人が多かったものです。

私の両親、きょうだいは、ほぼ全員が1～3月に亡くなっています。病気になったとき、厳冬期を越える体力がなかったのです。

私はそれを知っているので、冬は特に旬のものをいただきます。

これは人間と同じように、動物でも野菜でも、冬の寒さを乗り越えるために、体内に栄養を蓄えているからです。

たとえばほうれん草一つ取り上げても、旬の11～1月のものは、6～9月のそれより、ビタミンCの含有量が多くなります。

いまは調べれば、その野菜や果物はいつ頃食べるのが栄養価が高いか、簡単に出てきます。

高齢者には、こういった小さなことでも、長い人生からすると、積み重なることで、元気がつくのだ、と私は思っています。

食生活に季節感を取り入れる

それに大量に出まわるので、値段も安くなります。それこそ一石二鳥です。

それを365日、毎日おいしいからといって、野菜でも果物でも、同じものを食べていたらどうでしょうか？

まず倦《あ》きてしまうでしょう。だから食も細くなりがちです。

しかし同じものでも、料理の仕方や味つけが変われば、おいしさが倍加するかもしれません。

私は自分では天ぷらしか揚げられませんが、女性誌の編集を長くやってきたので、基礎は知っています。料理法には「焼・茹・炒・揚・煮・蒸・和」の7種類あります。

材料は1種類でも、焼く、茹《ゆ》でる、炒める、揚げる、煮る、蒸す、和《あ》えることによって、さまざまな食べ方になります。

私のように男であれば、70歳以上になると、結構、時間が余ってきます。その時間を、料理に使ってみませんか？

第3章

からだを動かす！

習慣

15

家事は一番の脳トレ！

あなたはこれまで「家族と一緒」という感覚を、持ったことがあるでしょうか？

仕事一筋でやってきた人は、スーパーやコンビニでも、一人で行くことが多かったと思います。

しかし70歳を過ぎると、家族と離れて一人で行動するのは、やや危なくなってきました。

足元も覚束《おぼつか》ない人もいるでしょうし、連れ合いも、一人で外に出るのが危険、という夫婦もいるでしょう。

家族のいる人は、生涯で初めて、一緒に行動する時期に入ったのです。

もちろん外出は当然ですが、家の中にいても、一緒にするつもりにならないと、どちらか一方が健康を害することになります。

食事にしても、仕事に忙しい時期は、家族と一緒に摂ることはできませんでした。しかし、いまは家族と共にすることが基本です。

またそうしないと、足腰が弱くなっている人もいるのではありませんか？

私は大分前から「家の中の歩行、外での歩行」と分けて考えて、ただ長く歩くだけの外での散歩では意味がない、という生活をつづけてきました。つまり、家の中では立つことが大事、ということです。

そこで家の中では、できるだけ家族と共に、家事手伝いをしてきました。

といっても、夕食の用意などは足手まといになるので、朝と昼の二食は、できるだけ自分でつくるようにしています。

といっても、温めたり、コーヒーやお茶を淹《い》れるくらいのものですが、それでもからだを結構、動かすことになります。

頭とからだをフル回転させて、家事をこなす

面白いことに、慣れない仕事には時間がかかると共に、からだを使うものです。

男たちが家事をしてみればすぐわかりますが、身体の節々が痛んできます。慣

れない筋肉を使うからでしょう。

一回で済むことを二回も三回もやり直したり、仕事で歩くことが多かった人も、会社員というのは立ちっぱなしということはあまりありません。けれども、家事というのは、立ち仕事が多いことを知りました。

それこそ味噌汁を温めるだけでも、いつ沸騰《ふっとう》するかわからないので、火のそばを離れるわけにはいきません。その間は立ったままとなります。一つ一つは小さなことでも、改めて、その大変さを知り、それをしてくれていた家族に感謝の気持ちが生まれます。

そういう意味では、家事の時間は、家族と共にある時間ともいえます。

習慣

16

階段だけは要注意！

高齢者といっても、年に似合わず元気な人もいれば、ベッドから起きるのも苦痛、という人も多いと思います。

私も何年か前に、危うくベッド生活になるような危険な目に遭いましたが、元気だからといって、急いだり、あわてたりするのは一生の悔いとなります。

私の場合は、自宅の階段を下り損ねて3段落ちたのでしたが、それだけで、まったく身体が動けない状態になりました。

救急車で病院に運び込まれたのですが、私の場合は足と腰ではなく、背骨を打ったことが幸運でした。

もちろん背骨だから軽かった、というのではありません。それによって、いまでもやや負担が背骨にかかりますが、腰であれば、歩行器が必要になったと、医師にいわれたほどでした。

では、それ以後は階段を使わないかといえば、そんなことはありません。

自分の家や会社にかぎらず、世間は階段だらけです。外出しているかぎり、階段と無縁になることはできません。

そこで上るときは、仮に踏み外しても、それほどトラブルは起こりませんが、下りるときだけは、慎重の上にも慎重に歩くほうがいいでしょう。

つまずきが命取りになることもある

一番危険なのは、自分の部屋から、水やお茶の少し残ったコップや茶碗を運ぶときです。

これが階段を下りるときに、意外に多いのです。それを落とすまいと思っているだけで、足を踏み外すケースがあるのです。

スマホを手に持って下りるのは、最悪です。これだけは絶対してはなりません。

仮に階段から落ちたとき、スマホさえあれば救助を呼ぶこともできますが、遠くに飛んでしまうと、探すこともできません。

必ずポケットなり、バッグに入れて上り下りすることです。

家の中の階段でなくても、玄関先や門のところが、段差になっていることも、少なくありません。

あるいはエレベーターに入るとき、つまずくこともないとはいえません。段差だけは注意の上に注意しましょう。

私の尊敬する小学館の先代社長・相賀《おうが》徹夫氏は、83歳で地下鉄の階段から落ちたことが遠因で亡くなりました。

大出版社の社長が地下鉄？　と思うでしょうが、相賀社長は人一倍探求心が旺盛でした。何でも自分で体験したかったのです。

私にも似たところがあるので、階段には特に気をつけて、なるべくエスカレーターやエレベーターを利用するようにしています。

習慣 17

背中を丸めない！

「今年は0・5ミリ縮みましたね」

定期的に診《み》てもらっている病院の看護師さんから、いわれることがあります。60歳のときは、私の身長は169・5センチでした。どうしても170センチに届かず、以後、縮む一方になってしまいました。

そして90歳のいまは、165・5センチまで低くなってしまったのです。10年毎に1センチ縮んだ感じです。

私の書斎には、部屋のほぼ中心に、柱があります。この柱には、孫たちが小さい頃、毎年測った背の高さが、いまでも消えずに残っています。

「うむ、まだ私のほうが高いな」

と、ときどき測って満足するのですが、それは当然です。

「柱の傷はおととしの　五月五日の背くらべ」

という歌詞にあるように、小学生時代に、私の部屋に来ては、測っていたのですから。

ところが現在、18歳の男の子の孫は、すでに仰ぎ見るほどになっています。

もう孫たちの背を測ることはありませんが、かわりにクリニックで自分の背を測ります。

「もっと背を伸ばして！　背中を測定器にぴったりつけてください」

と、親切な看護師さんは、丸まった背中を伸ばしてくれます。背を測っているというより、測られているわけですが、それはともかく、背中を伸ばすと、ほんの少しですが、身長が伸びるのです。

「まだまだ伸びる余地があるんですよ」という看護師さんの言葉に元気をいただきます。

背すじが伸びれば、気持ちものびのびする

40代になる直前、三島由紀夫先生から、

「櫻井君、1年間、後楽園ジムに通おう」

と誘われたことがありました。当時の仕事の都合で、それは叶いませんでしたが、いまになってみれば、なんとしてでも、一緒に通っていればよかったと思います。後悔先に立たず、です。

70歳を過ぎたら、からだを鍛えるまではしなくてもいいと、私は思います。

それでも、毎朝でも柱や壁に、背中全体がぴったりつくように、5分間ほどトライしてみてはいかがでしょう。

背すじが伸びて気持ちいいということもありますが、それだけでなく、のどから食道もまっすぐに伸びるので誤嚥の予防にもなるように思います。

背中が丸くなると、呼吸も浅くなります。

私は椅子に座りながら、両手を大きく挙げて、なるべく身体を反らせるようにする運動も、日に何回かやっています。

背中が伸びると、気持ちも寿命も伸びるような気になります。

習慣

18

運動するなら、自分のペースで！

高齢者で有名な方々の話を聞くと、それぞれかっこいい運動をしています。スポーツジムに通っている、毎週2回はプールで泳いでいる、ときどき山登りをしている、朝夕走っている。社交ダンスをしている、という人もいます。

これに対して私は、せいぜい散歩に出るだけです。さらに人にびっくりされるのは、むしろ有害と思われている、深夜までの仕事です。

私が話せる健康エピソードとしては、これくらいのものです。しかし、それでいて、一生懸命長生きしようとしている人たちより、ラクに暮らして、イキイキとしています。

これは「慣れと適応」の問題で、では、私の真似をしたら長生きするかといえば、あっという間に、死んでしまうかもしれません。

若いときにまったく走っていない人が、60歳頃から走り始めたら、心臓が適応していないので、プラスにはならないでしょう。

70歳を過ぎたら、無理はしない

70歳くらいになると、どうしても自分より年上で元気な人に、目が行くようになります。

何を食べて元気なのか？　どういう健康法をしているのか？　奥さんはどういう人なのだろう？　と思って、自分も真似したいと思うようです。

そして面白いことに、「かっこいいもの」ばかりに目が行き、それを真似する人が多い、と医師は話しています。

たしかに、散歩よりランニングのほうが、かっこいいものです。散歩していても「あっ、この人は散歩中だ。かっこいい！」と思ってくれる人はいません。

その点、ランニングやサイクリングのほうが、いろいろな方から賞賛されるのではないでしょうか？

70歳を過ぎたら無理は禁物で、若い頃からつづけていた運動があれば、それで十分ではないでしょうか？

テレビの中で、ときどきかっこいい高齢者が出ますが、そんなものをむやみに真似したら、たいへんです。

縄跳び、屈伸、片足立ち、山歩き……。これらはもっと若いうちからでないと、危ないと思います。

私は一時期、テレビ局のほうから、皇居ランニングに誘われたことがあります。50代の後半だったでしょうか？　撮影して、番組で流したいというのです。

私が独立して初めて入ったビルが、市ヶ谷のお堀端にあったからです。

丁重に断りましたが、無理しないでよかった！　と今でも思っています。

習慣

19

散歩のときには、はやく歩こう

私は定期的に散歩はするようにしていますが、根っからの散歩礼賛者《らいさんしゃ》ではありません。

それというのも、コロナ騒ぎが起こるまでは、毎日、地下鉄で会社に通っていたからです。

会社からは「車で往復してくれ」と、私の年齢も考えて要請されていたのですが、帰りは車で帰っても、朝だけは勘弁してもらい、神楽坂までの地下鉄を使っていたのです。

これで一日の平均歩数は、7千〜8千歩ほどに達していました。90歳としては、このくらいなら十分と考えていたのですが、さらに私の歩き方は、ふつうの高齢者と大きく違っていたのです。

地下鉄を降りると、一緒に降りた乗客たちの先頭を歩きたいのです。JRの駅では、こんなことはできませんが、地下鉄の乗降客数はそれほどでもないので、案外できるのです。

徒歩5、6分のきずな出版まで、それができると、その日一日がとても爽快《そうかい》な気分になるのでした。

自分なりのルールをつくっていく

ところがコロナ禍で、この生活ができなくなってしまったのです。会社の往復は車になり、家にこもって仕事をするしか、方法はなくなってしまったのです。

そこで考えた方法が、我ながらすばらしい！　と自画自賛しています。

その方法とは、夕方散歩に出ると、まず家から5、6分の私鉄の駅を目指します。ブラリ散歩と異なり、歩く速度もはやくなります。

こうして駅まで来ると、電車の到着を待ち、降りてくる客と一緒に歩き出すのです。ただこの方法は、朝の神楽坂駅からの歩行者と違い、皆さんのスピードがはやいのです。

やはり、早く家に帰りたい人が多いのでしょう。私は初めてここで「帰心矢《きしん》のごとし」という、昔のことわざを思い出したほどです。

男性にかぎらず、女性の歩き方もスピードがあるし、ここで私は、自分の年齢を思い出さざるをえませんでした。

それにしても、ブラブラ歩きでいくら歩いても、私は健康のプラスにはならない、と信じていますので、いまのところ果敢に挑戦しています。

恐らく誰も、こんな物好き老人がいるとは思わず、家路を辿《たど》るのでしょうが、私自身はのんびり歩く散歩より、はるかに効果のあるウォーキングだと思っています。

ただ真夏には、あまりすすめられません。気温に合わせてやる方法だと、自分でもよくわかっています。

習慣 20

風呂は湯船で筋力運動

なぜ湯船が重要かは、医師でもわからないでしょう。これは自分自身でないと、自分の筋力の衰えはわからないからです。

たとえば私自身でも、起きて動いているときは、それほど筋肉・筋力の衰えはわかっていません。

少々重いものを持っても、なんとか運べるからです。

ところが湯船に浸かると、驚くことに、腕の上膊部《じょうはくぶ》に信じられないくらい、年寄りジワが浮き出てくるのです。

これはふだん、鞄《かばん》や荷物を持っているときには、気がつきません。なぜか湯船に浸かると、しわしわが、はっきり見えてくるのです。

もちろん、これは誰にでも出る、というものではないでしょう。力仕事をしてきた人には、浮き出ないかもしれません。

私の場合、ふだん重いものといったら、本の入った鞄くらいしか、持っていないせいで、そうなってしまったのでしょうか?

あるいは若い頃、力仕事をしてきた人は、毎日つづけてきた仕事を終えたことで、私たちより、筋力の衰えがはげしいかもしれません。

ただ湯船の中で筋肉のなさが、はっきり浮き出て、見えることはたしかです。

70代の人は、まだ安心していいかもしれませんが、次第に誰でも、フレイル（虚弱）状態になっていくことに気づくでしょう。

●衰えていくことに少しでも抵抗する

「フレイル」とは、加齢による心身の活力低下をいいますが、私はこのフレイルにならないことが、老後といわれる年代にとっては肝心だと思っています。

医師によっては「このフレイルは治すことができる」といってくれますが、なかなかそう簡単ではありません。

なぜなら「フレイル」は健康な状態から、「要介護に移る中間の段階」だからです。日常の生活動作、社会的閉じこもり、うつ、機能障害など、さまざまな不安が加わることで、フレイルを引き起こすことになるようです。

誰だって、そんな状態になりたくありませんが、誰でも、そうなっていくということでもあります。気持ちだけでも、その衰えを抑えるには、私は風呂の中がいいと、ふと思ったのです。

その理由は、湯船の中では肌がピンク色になることで、元気に見えるからです。毎晩私は5分ほど、湯船に浸かりながら、両腕を伸ばしたり、折り曲げたりしていますが、シワも少し減って、力が加わった気になり、なんとなく快調です。

実際にフレイルを抑えられているかはわかりませんが、そんな気になっていることが大事だと思います。「自分は元気だ」と思える瞬間を日常の中でふやしていきましょう。

習慣

21

包丁で皮を剥《む》く果物を食べる

からだを動かすというと、全身運動を考えがちですが、指先もからだの一部です。

包丁を使える男は、意外に少ないもので、試みにりんごの皮を剥かせてみると、ほとんどの男は、満足に剥けません。

女性だったら、危なくて、見ていられないのではないでしょうか？

私は小さい頃から母に仕込まれたので、ある程度、包丁を扱うことができます。

いや包丁よりもっと小さな、ナイフも扱えますすし、重く大きな日本刀、脇差なども訓練しています。

これらは身体を大きくも、小さくも動かすだけに、老いは遅くなる気がします。

中でも、日常的にりんごや梨などの果物の皮を剥く練習をしていると、神経を集中させるだけに、意外に若さを必要とするものです。

宮崎県名物の日向夏《ひゅうがなつ》など、白いふかふかの皮を残して剥くなど、非常にむずかしいので効果があります。もしかすると、女性の若々しさは、日常的に包丁を使っているからではないか、と思うくらいです。

不思議なもので、包丁を扱うときは、私自身は座っていられません。果物の皮はまな板を使わないので、椅子に座ってもできるかな、と思いますが、そうはいきません。

立ったままで神経を集中して、少しずつ皮を剥きますが、これにより、身体の老いを防げるような気がします。

立ちながら手先を使うことをする

少々専門的になりますが、私は料理として、天ぷらを揚げるのが好きです。この天ぷらの材料を、さまざまに切り分けるのは大変です。

人によっては、高齢者に包丁を持たせるのは危険と思う人もいるかもしれません。

けれども私にいわせれば、包丁を扱っていると、初期のフレイル予防になるということもあると思うのです。

仮に毎日、キッチンで1時間立ったまま、包丁を扱っていたら、ボケを遅らせることになると、私は信じています。

あなたが果物の皮を剥こうとすると、家族や介護士が、かわりに剥いてくれようとするかもしれません。包丁で指を切ったりしたらと心配します。でも自分でできることを減らさないことは、大切です。

無理に何でも自分でしようとする必要はありませんが、できることは自分なりに工夫して、元気をつづけましょう。

習慣

22

「毎年恒例」の行事をつくる

私は東京下町に生まれ、育ちました。

どちらかというと、山の手といわれる高級な地域より、一格下がった庶民の町でした。

そんな環境に育ったせいか、子どもの頃からお祭り好きで、大勢の人々と一緒に騒ぐタイプでした。

不思議なもので、人と騒ぐのが好きな男女は、足腰が丈夫です。

これが高齢になって、生きてくるのではないか、と思うのです。

私の幸運は、70歳になった頃、九州博多の祇園《ぎおん》山笠という祭典を見たことでした。

ある方の紹介で、博多の櫛田《くしだ》神社に参拝したとき、明日の早朝から山笠というスピードを争う、男の祭りがあるので、観ていきませんかと、誘われたのです。

これが私と山笠の出会いでした。その後、博多の街に住む方でないと、なかなか参加できないというこの祭りに、幸いにも加わることができたのです。

いままでは十数年間、この祭りのたびに、博多に飛んで行くのですが、不思議なことに、私は祭り用の水法被《はっぴ》を着るだけで、颯爽《さっそう》とした気分になってしまうのです。

この山笠は祭りでありながら、スピードを争う激しいもので、本来なら私のような高齢者は、参加するだけでも危険なところもあります。

それを博多の友人たちは、親切に私につき添ってくれるのですが、もし私がこの祭りに参加していなかったら、もっと早く衰えていたし、年寄りくさくなっていたと思います。

からだを動かして楽しめば若返る!

毎年この祭りの正装をするだけで、若返る気がするのですが、どうも気だけではなさそうで、私のまわりはありがたいことに、東京と九州一円から駆けつける、女性ファンがふえつづけています。

これは若返りの例ですが、どなたの場合も「やってみる」「参加してみる」「走ってみる」気持ちになるだけで、身体の中から、爽快感とやる気が起こるのではないでしょうか？

幼い頃からお祭り好きの性格が、人生の最後にも出てきて、大きなプラスを得させてくれたのです。

特に「楽しみこそ健康の素」という、一種の哲学を教えてくれた、この祭りの行事に、感謝しかありませんが、あなたも思いきって、こういった楽しい行事に参加してみてはどうでしょうか？

高齢になればなるほど「身体がよく動く」という日々に、感謝の念が増してくると思います。

第4章

若い人と話す！

習慣

23

自分の年齢を誇りに思う

まだ70歳では、そんなに誇れるほどの長生きとはいえないほど、日本人の平均寿命は延びましたが、それでもその歳で、まだしっかり仕事をしていれば、誰に対しても誇っていいと私は思います。

仕事はしていない、という人でも、家事や介護も、もちろん仕事です。自分のやりたいこと、やるべきことができているのなら、それは本当に素晴らしいことです。

私は自分の年齢が、そんなに貴《とうと》いものなのか、と思ったのは、82歳のときでした。

この年、私はビジネスパートナーの岡村季子社長と、このきずな出版を立ち上げたのです。

いわば背水《はいすい》の陣、といってもいいでしょう。82歳で出版社を立ち上げるとなると、早くて5年、遅ければ、一応の成功を見るまでに10年はかかります。

成功だけではありません。失敗も十分ありうるからです。

自分は一体、何歳まで健康でいられるか？――これが最大の難関でした。

このとき、いまでも謎ですが、どなたかが私を「世界一高齢の起業家」として、ギネス世界記録に登録を申請してくださったのです。

私はまったく知りませんでしたが、あるときギネスから英文と和文の手紙で「84歳で日本に一人、アメリカに一人起業した方がいる」との通知があったのです。

その手紙にはさらに「だからといって、82歳での試みに価値がないのではない。ぜひがんばって成功させてほしい」と書かれていました。

私はびっくりしましたが、このとき私は「自分は成功するまで死なない」という閃《ひらめ》きを得たのです。

実際、それ以後の私は、風邪ひとつ引いていません。

そしてこの82歳という年齢を、非常に誇りに思ったのです。その当時、世界に70億人以上いる人間の中で、たった二人しか、私の前を走っていなかったのだ、と考えると、自分そのものが、すごく大事な存在に思えてきたのです。

あなたもこれから一歳ずつ、年を加えていくことになりますが、ご自分を大切な存在に思ってほしいのです。

「異常に若い精神」を持ちつづける

私は自分の可能性として「日本一、世界一の長生き」を想定しています。想定する分には、何歳でもかまわないでしょう。

そういう考えと楽しみを持つと、若い人たちのほうから近寄ってくれます。

自分を年寄り扱いするから、若者も女性も去ってしまうのです。私の場合は「この人は身体も考え方も行動も、異常に若い」と、誰しもが思ってくれることで、離れないのだと思います。

このように「異常に若い」精神を持ちつづけることで、さらに長生きしましょう。

習慣

24

人と話す機会を積極的につくる

非常に単純なことですが、面白ければ、人は寄ってきます。テレビの芸人でも、若いから、イケメンだから寄ってくるわけではありません。

面白い話をするから寄ってくるのです。

このことは、話のタネを持っていれば、いい、ということです。年を重ねると、誰にもそれなりに面白い話、珍しい話材、びっくりするような体験談があるものです。

多くの人は、年を取ったら若い人たちは寄ってこない、と思っています。それはまったくの間違いで、珍しい体験の持ち主だったら、誰も離れていきません。ということは、エピソードになる体験を、いくつか重ねれば、その人は、若い人たちの大切なメンター（恩師）になれるのです。

いまは直接面と向かって話す機会がなくても、YouTube《ユーチューブ》やClubhouse《クラブハウス》、Facebook《フェイスブック》、Zoom《ズーム》、ブログなどで、いくらでも人と話す機会があります。

できれば、話を聞く立場ではなく、自分でセミナーや講座を持てば、いくらでも、若い人と話すチャンスがふえてきます。

自分が話せるテーマをふやす

もっとも早い方法では、占いやスピリチュアルを学ぶことです。

少し勉強したからといって、料金をいただくわけにはいきませんが、若い人、特に女性と話すチャンスがふえてきます。若い人たちは、これからの自分たちの人生を心配しています。いや、地球、宇宙のことまで心配しているのです。

たまたま私は、22歳から占いを勉強していたことで、いまでは手相と人相では、専門家といっていいくらいの実力も持っています。図々しくいうなら、運命学では、第一人者といっていいでしょう。

これも若い人たちとつき合っていきたい、その考え方を知りたい——という願望があったからこそ、そうなったのです。

多くの人は、自分の仕事だけで定年まで来ています。

これでは定年まででは、まわりに若い人たちがいても、定年後は、まったくの一人ぼっちになってしまいます。

コロナ禍では、外に出ることすら叶わなくなります。

私はまっ先にワクチンを接種しましたが、中にはワクチンに副反応が、と尻込みする人も少なくありません。

ワクチンを接種するしないは、それぞれの判断ですが、仕事においても、人生においても、積極的なタイプが勝つ、と私は思っています。

いつでも動ける自分であることには、積極的にいく！　というのは、これからも変わらない私の習慣であり、心構えでもあります。

習慣

25

若い世代から学ぶ

「二流の人は、年上からしか学べない」という言葉があります。

人間は誰でも、自分が上位になりたいのです。

しかし世間には、上位になれる人ばかり、ではありません。そこでネット上で、クレームをつける人も出てきます。

ただ私が思うには、年齢の上下で、学ぶか教えるかが決まるのではありません。年上だろうが年下だろうが、優れた人を見つけることが、大事なのではないでしょうか?

もともと私は「年下の人」という表現は使いません。

「若い人」といいます。

若い人たちには新しい情報が、ぎっしり詰まっています。

この情報は、高齢者には宝物のように見えます。いや宝物なのです。

私は若い人たちによくいうのですが、

「私が教えられるのは、結果論と人生訓だけだよ」

これに対して若い人から学べるものは、情報と新しい考え方と途中経過です。新しい技術も加えられるでしょう。

これで見ると、明らかに高齢者のほうがトクです。

もう一つ加えるとしたら、若い息吹きです。

若い人とつき合えば、自分も若くなれる！

私が同じくらいの高齢者とつき合っていたら、あっという間に古くなるでしょう。

それこそ間違いなく、顔も振舞いも態度も、ヨボヨボ爺さんになってしまいます。なぜそうなるかというと、そうならないと、話が合わせられないからです。

私がなぜ若々しく見えるかといえば、若い人たちから学んでいるからです。知らぬうちに息がはずんできますし、声も大きくなります。

それに笑顔もふえてきます。

そうだとすれば、若い人にウケるような話材を提供するほうが、断然トクです。若者、青年、青春という言葉には、華やかさが宿っています。それこそ若い女性であれば、色彩でも明るさが強烈です。

「若い人とは話が合わない」

「何を話していいかわからない」

ということもあるかもしれませんが、そこは〝年寄りの強み〟で、話が合わなくてもいいくらいの気持ちで、まずは自分から近づいてみる。子どもや孫、あるいは近所の人に「こんにちは」というだけでも、新しい関係が始まることもあります。

習慣

26

自分の考えを押しつけない

いかにも自分は新しいことを知っている、という顔はしないほうがいいでしょう。

60歳にしても70歳にしても、いかに気持ちが若いからといって、マンガを読みつづけているわけでも、新しい映画を観つづけているわけでもありません。

また若い人たちも、いま誰のマンガが面白いか、という情報を、高齢者から得ようとは思わないでしょう。

親切な若い人たちが、高齢者の話に合わせてくれているだけなのです。

◉話をするときには聴く側にまわる

もちろん私のように、女性学が専門の場合は、最新の知識が必要なので、若い女性たちの話に耳を傾けますし、こちらからも話します。

しかしだからといって、エラそうに話せるわけではありません。情報として知りたいだけなのです。

もし若い人たちと話す機会があったら、こちらは聴き手にまわることです。話すというより、質問する、確認する態度でいるのが、正しいかと思います。

むしろ、知らないこと、わからないことは、正直に聞くほうがいいでしょう。新しい話題を、驚いたり面白がったりするのが、正しい態度だと思います。

絶対してはならないのは、年上の考えを押しつけたり、強要しないことでしょう。私たちの持っていた地位や権威は、すべて過去のもので、若い人たちには何の価値もありません。

私はスマホで、新しいニュースや話題を知りますが、それは原稿を書くときに使うようにしています。

話すとボロが出るからです。「そのこと」については知っていても、関連性のない話題になると、もう一言も口を差し挟《はさ》めません。

それをいかにもバカにしたように話したり、軽んじたりするから、若い人たちは二度と話を合わせてくれなくなるのです。こちらも無理に合わせず、聞く側にまわりましょう。

大事なのは、適量をいただくことです。それこそ新しい話題、食べものは、おいしくいただいてこそ元気の素です。

私はラーメンが好物なので、いろいろなラーメン店に連れて行っていただきます。それがまた、話ができる機会になります。

たとえ、実際にはその店に行けなくても、話題になるだけで得がいくつも生まれます。

知ったかぶりをして、そんな機会を逃さないようにしたいものです。

習慣

27

昔の経験を伝えていこう

高齢になって、誇らしげに話せることといえば、若者たちが経験していないエピソードでしょう。私は高齢の皆さんに「なるべく若いうちからエピソードをつくっておくといいですよ」といいますが、これこそ、若い人たちが寄ってきてくれる話題だからです。

私の一生は14歳のとき「太宰治《だざいおさむ》らしき作家と、4日間ほど一緒にいた」というエピソードで成り立っています。

若い頃は一人の芥川賞作家にこの話をしたことで、その後、多くの有名作家から声をかけられるテーマになりました。

最近では、太宰治が教科書に載《の》るほどの人物になったことで、どの世代の男女でも、びっくりするやら興奮するやらで、私の誇り（?）になっています。

これは特別な例でしょうが、戦時中に、稲田に入ったり、鍬《くわ》をふるって、野菜を作っていた経験も、話題として役に立ちます。

なにしろ高校の帰り道で、食用になるものとして、どじょう、ふな、赤蛙、たにし、いなごなどを探しながら、家に帰るのです。

さらに超混雑で、列車にぶら下がっていたり、列車の荷台に乗って、高校に通っていた話など、戦中、戦後の話をすることもあります。

誰でも二つや三つは、聴き手を「へぇ?」と驚かすことのできる話題を、持っているのではないでしょうか?

若い人にウケるテーマと、話してはいけないテーマ

仕事の話は、しないほうがいいでしょう。生々《なまなま》しくなり、その場が一気に〝会議〟の場になってしまいます。また昔の手柄話も、自慢しているだけと思われるので控えたほうが無難です。

有名人や芸能人と一緒になった、という話は悪くありません。

一時期、通っていた、私の友人の小さなバーで、独身時代の吉永小百合を、たびたび見かけたことがあります。彼とデートしていたのですが、その後、その彼と結婚しました。

たったこれだけでも「吉永小百合」で盛り上がります。70年生きていれば、誰でも二つや三つは、こういうエピソードがあるはずなのです。

自分が恥をかいた話も悪くありません。私はときどき、座興《ざきょう》にこういった話をすることで、若返っている自分を感じます。

特に女性は、「私の話なんて！」と尻込みしますが、思い切って、失敗談で笑わせたらいかがでしょう。

それによって、目の前の世界が明るくなりますよ。多分、元気でいる期間が、ぐんと延びるのではありませんか？

習慣

28

知らないことは教えてもらおう

いまの高齢者には、若い人たちから教えてほしいことが山ほどあります。

たとえば、これからの社会は「風の時代を迎える」といわれます。

「風の時代」とは西洋占星術で、「風の星座の時代になった」ということが、もとになっています。

「何の話か見当もつかない」という人は、若い人に教えてもらったらどうでしょうか?

若い人たちは、占星学を含むスピリチュアル的なこと、精神世界のことを、自分の生活に取り入れている人が多いように思います。少なくとも、一昔前とは違ってきました。前世や来世についての考え方で、いまの生き方も変わってくるわけです。

彼らの話を聞けば、自分の墓の持ち方が変わるかもしれません。

評論家の立花隆さんは生前、葬儀にも墓にも関心がないと書いていましたが、結局、樹木葬という自然葬を選んでいます。

ところで、私は現在、YouTube、Clubhouse、Facebook、ブログ、メルマガ、Zoomといった新しいスマホでの交流会を毎日、毎週つづけています。

それだけ多いと、スマホをどう使えばいいのか、ときどきわからなくなります。あわてて若い人たちに教えてもらうのですが、若い人たちの手捌《さば》きに、感心してしまいます。

これはほんの一例ですが、いま現在、高齢者は若い人が一人でも、近くにいてくれるほうが安心なのではないでしょうか？

自分だけでできることには限界がある

私が見ていて、「もったいないな」と思うのは、若い人に教えてもらうのを遠慮してしまう人たちです。

「自分の生活は自分でやれる」と思って、それを実践するのは素晴らしいことですが、自分だけでできることには、やはり限界があります。

いくつになっても自立できるようにと努力して、脳トレを実行している人もいるようですが、私の脳トレは「若い人から、知らない知識を教えてもらう」という一点です。

漢字や熟語を思い出すよりは、知らないことを知るほうが、積極的です。

私の人生は、これまで出版関係一辺倒ですが、パソコンやスマホの解説書ほど、むずかしいものはありません。その解説書の中身がわからないといって、泣きついてくる高齢者が、圧倒的に多いのです。

私自身、この解説書の解説が欲しいと思うくらいです。

これらは直接、若い人に教えてもらう以外ありません。またそれによって、頭脳も視覚も聴覚も老いないものです。

若い人と話す、教えを乞う——これこそ、若々しさを保つ、最善の脳トレだと、私は信じています。

習慣

29

聞こえづらくなったら補聴器を使う

補聴器を使ったら、以前と同じように聞こえるかといえば、それはムリでしょう。

補聴器という文字が表しているように「補う」だけですから。しかし「ある」と「ない」では、月とスッポンほどの違いがあります。

私はどなたも少し、聞こえが悪くなったら、医師と相談して、なるべく早めに使うといいと思います。最近のものは、外からほとんど見えません。

私にいわせると、耳が遠くなると、どうしても会話をしなくなります。それは当然で、相槌《あいづち》も打てないし、返事もできないのですから。

それに相手は面倒くさがって、とうとう大きな声で、怒鳴るように話し出すことでしょう。

これでは楽しい会話にはなりません。笑い声の立たない会話なら、しないほうが賢明です。

また補聴器は、ボケないための必須アイテムでもあります。なぜなら、新しい情報を頭脳に入れてくれるからです。

さらに定年になっても健康でいる人には、仕事が舞い込んでくるはずです。

私は80代から90代に入っても、新しい本を年間、数冊は書き下ろしています。

新鮮な情報は耳から入ってくる

私のまわりの人は、私を、頭脳が衰えていない珍しい例と考えるようですが、私自身は、補聴器の役割が大きいと思っています。

耳から常に、新しい情報が入ってくるからです。人間というのは貪欲なもので、情報が入ってきたら、それを誰かに話したくなります。

私が芸能人だったら、スタジオでそれをしゃべるでしょう。たまたま私は作家であるため、それを原稿に書くことになります。

同じように、この本の読者には、さまざまな職業の方がいるでしょうから、その分野で入ってきた情報や知識を、使えばいいのではないでしょうか？

もちろん、白内障などで目が見えにくくなれば、手術を受ければいいと思います。

幸か不幸か、現在は超高齢社会に入っており、生きている時間が長くなりました。

そうだとしたら、その時代性に合わせなければなりません。

私の同期には、すでに亡くなっている人が多くなっています。70代で亡くなった同期もいるのです。

しかし私はたまたま長生き組に入ったので、補聴器を有力な武器にしています。

あなたも若さを失いたくなければ、補聴器を耳に差し込み、若い人たちと、楽しく話を交わしませんか。

第5章

睡眠のリズムを崩さない！

習慣

30

睡眠時間は短くてもいい

こんなことを書いていいかどうか、わかりませんが、人生にまじめな人ほど、健康常識通りに生きている感じがします。

本に書いてあることを必死に実行したり、特に医師のいうことは、金科玉条《きんかぎょくじょう》のように守ります。

でもこの年まで生きてくると、まじめ人間ほど、寿命が短くなっているような気がします。

まじめな人は、昔からいわれているように、8時間睡眠を守り、夕食のあとは一切何も食べません。

アルコールは健康に悪いと言って、飲みませんし、何が面白くて生きているのだろうと、こちらで心配になってしまいます。

そしてこういうタイプほど、早く死んでいるような気がするのです。私の学生時代の仲間でも、その通りになっています。

私は自分勝手に生きてきたせいか、同時代人の中では、不健康きわまりない、といっていいでしょう。

それというのも、私は年齢的に5歳から10歳上の先輩作家たちと、つき合ったからだと思うのです。この年代は長い戦争を終えて、軍隊から帰ってきた男たちが多いので、少々デカダンに生きていました。

長く生きて何になる。太く短く生きよう、という男ばかりで、私も毎晩、飲みに連れて行かれるか、マージャンで徹夜か、という生活を送っていました。

寝る時間、起きる時間を決めて、継続する

これによって、短時間睡眠タイプになっていったのですが、不思議なことに、そういう夜遊びタイプの作家たちでも、当時の平均寿命以上に生きてきたのです。

その頃、お坊さんも寝ないで長命、というタイプが続々と出てきたのです。

僧侶ほど睡眠時間の少ない職業はない、といわれていました。私も一度、東京・

音羽の名刹《めいさつ》、護国寺の大僧正《だいそうじょう》の一日の生活を聞いたことがありますが、毎日の睡眠時間は短いものでした。

それでいて、平均寿命以上に生きるお坊さんが多いのです。睡眠時間は個人によって違いがあるので、長く寝たからいい、とはいえないようです。

むしろ決めたリズムを崩さないことが大事、なのではないでしょうか？

私はこの原稿も、午前2時過ぎまで、毎晩書いていますが、それが長年の生活リズムに合っているのでしょう。

自分なりの睡眠時間と、寝る時間、起きる時間を決めて、それを継続していきませんか？

習慣
31

眠くなったら昼間でも寝よう

さすがに定年の時期までは、世間的な時間の使い方をしなければなりませんが、それ以後は、新しい生活リズムをつくることが大切です。

私は週刊誌を長年やっていたため、いつどこでも寝られるよう、習慣づけられています。それも編集部の椅子を三つ並べて、その上でも、3時間くらいは、ぐっすり眠れる体質です。

当時の編集部には、いつでも誰かが寝ている、という感じでした。初めて部屋に訪ねてきた人は、恐ろしい編集部だと、逃げ帰るほどでした。

だから編集長でも、長椅子で寝込むという、だらしなさですが、これが24時間体制の、週刊誌記者魂をつくったのです。

どこでも寝られる習慣はいまでも身についていて、それを知っている私の家族は、私が書斎に閉じこもっているからといって、必ずしも仕事をしているとは思っていないようです。

だから書斎から出て来なくても、それほど心配しません。仮眠を取っているんだろうと考えて、放っておいてくれるのです。

おかげで私は自分のリズムで寝たり、原稿を書いたりできるわけです。

大作家の昼寝の習慣を取り入れる

ではなぜ、眠くなったら、昼間でも寝てしまうのかというと、まったく異なる考えや記憶が、浮かんでくるからです。

これは作家に教えられた睡眠法で、少しでも眠ると、必ず新しいアイデアが浮かんでくるというのです。私が週刊誌で成功したのも、この睡眠法を実行したからだ、と思っています。

実際その通りで、いつもいつも同じタイプの話を書いていたのでは、作家でも週刊誌でも、すぐあきられてしまいます。

そんなとき、5分でも10分でも寝ると、頭がすっきりするだけでなく、思いがけない名案妙案が浮かんでくることがあるのです。

これはどんな大作家にもある習慣で、みなさんもやってみたら、驚くかもしれません。優秀な作家担当編集者は、必ず仮眠上手なのです。

ここでなぜ、作家は徹夜タイプが多いかを明かせば、太陽が降りそそぐ日中では、情熱的な恋愛のシーンや、人間の闇を暴くような描写は、なかなか、うまく書けないからでもあります。

その昼間に少しでも寝ると、頭脳が夜型に切り替わることもあるのです。

これは作家の場合ですが、他の職業でも、昼寝の習慣が仕事上プラスになることも、あるかもしれません。

もちろん健康上でも、大いにプラスでしょう。自分に最適な、睡眠リズムをつくっていくと、仕事上でも健康の上でも、二重のプラスになりそうです。

習慣

32

眠れないときは無理に寝ない

多くの人は「眠いから寝る」のではなく「夜になったから寝る」のではないでしょうか。

これをつづけていたら、あっという間に老けてしまうでしょう。病人は別として、ふとんにくるまっていて、元気になる人はいないのですから。

それというのも、寝るからには部屋を暗くします。いわば死後の世界と同じ、無言の闇の世界に入るわけです。

現世《げんせ》の音もない、色彩のない部屋で、暗い天井を見ているのですから、気の弱い人であれば、あれこれ暗いことばかり考えるでしょう。

ぐっすり眠れるなら、それに越したことはありませんが、毎晩、何時になったら寝る、というのでは、理想的な眠りとはいえません。

医師に聞いたところでは、眠りは一人一人、型が異なり、5時間で十分な人も、10時間型の人もいるそうです。

私は現在、午前3時から午前9時までの6時間型ですが、医師は「それでかまわない」と、太鼓判《たいこばん》を押しています。

流行作家の多くは、私よりもさらに短い5時間タイプだと思います。その代わり、

「先生、そろそろ起きてください！」

と、ふとんを剥《は》いでも、

「あと10分！」

といって、ふとんに潜り込みます。本当に、5分、10分間の睡眠を大事にしているることが、よくわかります。

まさに「寝る」のではなく「眠りを貪《むさぼ》る」のです。だから眠りたくなければ、何時まででも書庫に入って、本を調べています。これは学者でも同じです。

●睡眠リズムは読書で調整する

「医者の不養生《ふようじょう》」という言葉があります。わきから見ていると、よくあれで医者が務まるな、と思いませんか？

一般人よりはるかに、睡眠時間は少ないはずです。これは働く時間、リラックスする時間、眠る時間を、巧みにコントロールしているからでしょう。

私たちも眠れなかったら、何時間でも勉強しようではありませんか？

そのために、本は存在するのです。

眠くなるまで毎晩、本を読んでいれば、自分なりの睡眠時間、熟睡タイムが、自ずとわかってくると思います。

それこそ長生きできる睡眠法だと思います。

習慣

33

寝る前にはスマホと遊ぼう

これは私だけの方法かもしれませんが、ボケないためには、思考を単調にしないことが大切だと思っています。

ほとんどの人は、一つのことを深く掘り下げますが、私は浅く広くのタイプです。

高齢者になると、つき合いが狭くなり、覚えていなければならない人名も、家族と親しい親戚くらいになります。

それだから記憶量が減るのだと思います。

私はこの年でも出版社をやっていますが、それだけで社員の名前から関係先、作家の名前まで加えると、すぐ50人から100人になってしまいます。

そのほかにClubhouseからZoomなどの勉強会を加えていくと、記憶していなければならないことは人名だけでなく、テーマ、年月日、場所、時間など、無数にあるだけに、ボケていられません。

私はそのために、夜、寝る前30分、起きて30分ほどは、スマホを手離しません。

その日どんなニュースがあったのか、寝ている5～6時間のうちに、どんなニュースが起こったのか——さらに社員からの連絡事項や予定などを読んで、頭に入れるだけでも、自分はボケていない！　と確認することができます。

◉脳にボケるヒマを与えない習慣をつくる

若い頃は毎晩、寝る前に必ず小説一冊を読み終えて、ぐっすり眠るのが習慣でしたが、高齢者に単行本はムリです。

せいぜい雑誌がいいところですが、私は毎晩ベッドの上で、スマホのYahoo!《ヤフー》ニュースと、日経電子版を読むのが、自分なりの長生きの習慣です。

これにより、私の頭脳はフル回転するので、ボケているヒマがありません。

高齢になると、人それぞれボケないよう、工夫をこらしているでしょう。

私は90歳の今日でも、まだこういう本を書けることに、誇りを持っています。

これができる大きな理由の一つが、寝る前の習慣です。

昔の友人たちは、私から「たまには会おう」と誘っても「もう会っても話がないし」と、断る人が多いのです。逆にいえば、話題を持っていないから、会えなくなってしまったのです。

それなら、自分で話材を探し、拾えばいいわけです。それによって老いとボケを食い止められるとしたら、一石二鳥ではないでしょうか。

私にとって、スマホはボケ防止装置、といえるかもしれません。

習慣

34

夜には、むずかしいことは考えない

働いている間は、仮にむずかしい問題が起こっても、解決できる力があります。ところが早い人は、60代、70代になってくると、一旦むずかしい問題が起こると、解決の見通しは立ちにくくなります。

子どもがいれば何とかなる、と思う人もいるようですが、新聞やテレビを見ていると、自分の子どもに騙《だま》される、というケースも多いようです。

年を取ってくると、なぜか夜の寝る前に、あれこれ悩むようになります。悩むなら昼間、明るいうちのほうがいいと思うのですが、それがそう、うまくはいきません。

夜になると、毎晩、何か心配事が頭に浮かんでくるのです。それをアレコレ悩み出すと、今度は昼間、愚痴っぽくなったり、食欲がなくなったりします。

以前、私はある作家から面白いことをいわれました。

「夜、寝る前になったら、掛け算と割り算はしないこと。足し算と引き算だけにしておくといい」

●寝る前に悩んでも解決はできない

足し算引き算なら、暗算でできる。ところが掛け算、割り算となると、鉛筆と計算機が必要になります。

いまの預金額で、毎月10万円ずつ減っていったら、一年後はどうなるのか？　これなら、それほどむずかしいことではありません。ところが毎月10万円減っていったら、何年もつか？　となると、高齢者にはむずかしすぎます。

こういう話が出てくるような作家の作品は、必ずよく売れます。人々の心を捉《とら》えるからです。

その作家は、認知症寸前の高齢の主人公を描きたいというのですが、面白い考え方です。どちらにせよ、夜に悩んでも、その夜のうちに解決することはできないのです。

ロシアの小話に、こんな話があります。

旦那が眠れずに輾転反側《てんてんはんそく》して、悩んでいます。

すると奥さんが——。

「何をそんなに心配しているの？」

「いや、隣のおやじに借りた金が、明日返せないんで困っているんだ」

「そんなことで悩むなんてバカらしい。ちょっと待って！」

といって奥さんは窓を開けて、

「ねぇ、隣の旦那さん！　うちの亭主が、明日返すお金がないっていってるよ」

と、これだけいって窓を閉めます。そして、

「今度は、あっちの旦那が悩む番よ。さあ、早く寝よ」

と旦那にいうのです。

どうしようもない悩みは一人で抱えず、誰かに預けてしまうことです。70歳を過ぎたら尚更、悩むより寝るのが一番です。

習慣

35

怒ったまま寝ない

意外に多いのが、「怒ったまま寝る」というタイプです。

年齢を重ねてくると、男女双方にいえることですが、笑い合うような話題が少なくなるものです。

お金の問題でも「株が上がったぞ！」とか「助成金が入ったぞ」といった、うれしい話は、それほどないものです。

仮にあったとしても、寝る前に、その種の話が入ってくることは、まず少ないでしょう。

となると、せいぜいテレビのお笑いで、機嫌がよくなるくらいで、ほとんどは「体の調子が悪い」という顔で、寝るのがせいぜいでしょう。

私は自分だけでなく、家族にも気分をよくしてもらうため、よく外に出て星空を見上げたり、月を眺めたりします。

こうすると今夜の「月はいい」「星がまたたくのが見えたよ。見てごらん」といった言葉が出ます。

これによって、家族全員の気分がよいほうに変わります。

私は「一家の主《あるじ》」という気持ちを、意外に強く抱いています。

古い体質だからだと思いますが、70歳以上の男性には、私と同じような感覚の人が多いかもしれません。

怒ったまま寝るというタイプは、一日の終わりに、気持ちが落ち着かないということが、案外多いようです。

それこそ娘や孫の帰りが遅すぎるとか、風呂が熱すぎる、ぬるすぎるということで、イライラしたりします。

そのイライラが自分の中でたまって、「寝ることもできない！」となるのです。

ときには、そのイライラを家族にぶつけて、妻や家族にまでも、イヤな思いをさせてしまうことがあります。

イライラは家族にも、まわりの人にも伝染する

私は若い時期から、作家を初めとして、政治家や芸能人の家庭に行く機会が多かったものです。

これらの家庭の99パーセントは、奥さんの力のほうが断然強かったといってもいいほどです。奥さんがいばっていたというよりは、それだけ奥さんや家族を大事にしていた人が多かったということです。

家族に自分のイライラをぶつけるなど、論外です。

怒って眠れば、朝も怒ったまま目覚めることになります。

自分も家族も不機嫌にしないことが、70歳からの人生を幸せにする最低限のマナーだと心得ましょう。

第6章

病院と上手につき合う！

習慣
36

ホームドクターを持とう

ホームドクターというと、ぜいたくなことをいう、と思う人も多いのではないでしょうか?

ここでは、かかりつけ医、家庭医くらいの感じでいきましょう。英語ではファミリードクターというそうですが、こういう医師を持っていると、イザという場合に便利です。

というのも、いまは専門の医療機関に行くときは、こういったかかりつけ医、ホームドクターの診断書を持っていかなければなりません。

そこでふだんから、一人でも親しい医師か医院を持っていると安心です。

最近では、ファストドクターという会社もできています。

2020年1月より、国立大学法人筑波大学と救急医療分野で、共同研究を始め、最近では東京都内だけでなく、大きくサービス区域が広がっています。

現在では1000人を超える医師が、常時いるので、いわばホームドクター病院のような感じ、といえるかもしれません。

電話、LINE《ライン》、アプリ、WEB《ウェブ》から診療を依頼できます。24時間、依頼、相談できますので、救急の場合には最善です。

私はまだ診療をお願いしたことはありませんが、将来は全国に、この形の診療体制が広がっていくことでしょう。

便利になっていく時代を、便利に使おう

近頃は救急車を依頼しても、出払っているのか、来てもらえないこともあるそうです。

公共のためのものですから当然ですが、これからは、車がなければ、飛行機やタクシーで迎えに来てくれる時代に転換していくそうです。一台で空を飛んだり、道路を走ったりできるようですから、楽しみです。

不便を便利にする時代といっていいでしょう。そのために、スタートアップ企

業が続々とできていくことでしょう。

救急医療は、まさにスタートアップ企業にとって、大きなビジネスになります。これからは「ファスト＝はやい」が、どんな分野でも、もっとも重要なツールになります。そういう目で見ていくと、思いがけないビジネスやツールが伸びつづけています。

これからはタクシーが、救急車のように使えるようになる、という話も出ています。

ホームドクターも、大きく変化しつつあるので、いろいろ新しい情報を手に入れてみませんか？

習慣
37

通院を日課にしない

私たちは、一人で暮らしたくありません。とはいえ高齢になってくると、誰でも孤独になる率が高くなります。

そうなると、どこかに同じような境遇の仲間がいないか、探すものです。

以前は短歌や俳句の会が、その役割りを果たしていました。

ところが時代の変化で、こういった趣味を持つ仲間は、ぐっと減ってしまいました。かといって、酒飲みの仲間も集まれません。いまはネット上の仲間を探す時代になってきたのです。

そこで近頃は、セミナーに集まる男女が、相当ふえてきました。もちろん、勉強したい気持ちもありますが、中には寂しくて、友だち、仲間を求めて、集まる人たちも少なくありません。とはいっても、いまはネット上での集まりです。

特にコロナ禍以降は、ZoomやClubhouseという、無料のネットミーティングが盛んになってきたので、ネットのできる人は、こちらを楽しみにしています。

ところが60代、いや70代になると、ネットを使える人ばかりとはいえません。

ましてスマホは日進月歩なので、誰か教えてくれる人がいないと、どうしてよいのやら、途方にくれてしまいます。

結局、仲間たちの集まる医者のところに、行ってしまうという高齢者もいるようです。

〝おしゃべりの場〟は、別につくろう

ただ、コロナ流行という時期でもあるので、待合室をおしゃべりの場にする、という光景が少なくなったことも、たしかです。

これはチャンスでもあるので、医者通いはできるだけやめたほうがいいでしょう。

しかし地方に行くと、おしゃべりの場が、それほど多くないこともたしかです。コンビニやスーパーでの立ち話が楽しみ、という小さな街もあるほどです。高

齢者にとって、病院は楽しみの場といってもいいでしょう。

また家族にとって、一時的にでも高齢者が家にいない時間は、楽しみでもあります。

起きている間中、介護しなければならない家族にとって、できれば病院であれ、老人福祉施設であれ、少しでもいなくなる時間をつくってもらえるなら、気が休まります。

70代になったら、そういう頭の使い方も大切でしょう。

できれば、病気をもらう危険性のある場所より、もう少し健康的な場所で、時間を過ごそうではありませんか？

習慣
38

病気を苦にしない

私はありがたいことに、長く入院したり、一つの病で、長く医師のところに通う生活は、したことがありません。

これはとても幸福なことで、90歳まで健康で来たのですから、このあとは生命力から見ても、それほど長く病気とつき合う、という生活にはならない気がします。

もともと私は「ピンピンコロリ」の人生を目標にしてきたので、ほぼその目標は、達成できたような気がするのです。

ただ、さすがにこの歳まで生きてくると、病気と長くつき合ってきた方と一緒に、仕事をしたケースは少なくありません。

寝床が生活の場、という方も、ほぼ二人知っています。

その中の一人、茂田井《もたい》武《たけし》先生は童画家でした。すでに、いまから65年ほど前に亡くなられていますが、私は晩年の3年間、先生のお宅に通い、挿絵を描いていただいていました。

新米編集者で22歳から25歳くらいの間でしたが、先生は医療費がかさむようで、貧乏のどん底でした。私は先生の寝ているせんべいぶとんの上に座らせられて、描き上がるのを待っていました。気管支喘息《きかんしぜんそく》でした。

ただその3年間、先生は病気の苦しみを、ただの一回も洩らしたことがなく、いつ伺っても、私に対しては明るいのです。

享年48歳でしたから、いまであれば、これからが人生の本番でしたが、短い生命を自覚していたのでしょう。

この若い年齢で人生を達観できたのです。私はその後、ちょっとでも長く寝込むことがあると、この茂田井先生との生活を思い出します。

一枚の絵が希望をもたらしてくれる

「もう人生が終わる」と思ったときに、先生は「世話になったなァ」と、私に一枚、絵を渡したのです。

名作『セロ弾きのゴーシュ』の中の一枚でした。いまこの絵は、きずな出版の壁に掛けられていますが、社員にはそのいわれを話していないので、それほどの由来と価値があると、思っていないかもしれません。

しかし世界的芸術家・奈良美智《よしとも》をはじめ、谷内六郎《たにうちろくろう》や山本夏彦、森繁久彌《もりしげひさや》など、茂田井武の作品を絶賛する専門家は多いのです。

もし私が病気と長くつき合うことになったら、古くなった小品ですが、この絵を病室に掛けたいと思っています。

そういう絵でも書でも、70歳まで生きてくると、これから必要なのではないでしょうか?

習慣 39

テレビによく出る医師は信じない

夏目漱石は作家であると同時に、英文学者でした。ところが東京帝大（いまの東京大学）から「文学博士の称号を差し上げたい」といってきたときに、断っています。

理系の学問には「博士号」は必要だが、小説家に博士号は不要、といったというのです。

これは先見の明があり、文学博士の小説だったら、誰も読みたくないでしょう。私は現在の医師にも、似たような思いを抱いています。テレビに出てしゃべる医師には、医学博士号は不要なのではないでしょうか？

またどうしても「医学博士」といいたいなら「○○大学医学博士」と、大学名も出してほしいのです。

というのは、どうしてもテレビに出ると、話し方がオーバーになったり、「いいか悪いか」のどちらかになりがちです。

●つながる医師で寿命が決まる

テレビ番組に出演するときは、話す時間がかぎられているため、自分の理論を正当化しようと、どうしても誰かをケナさなければなりません。

いまでいう「ノイジー・マイノリティ」になってしまうのです。声高に誰かをケナすことにより、自分の地位の高さを誇るのです。

しかしテレビというものは、ＮＨＫでさえも「視聴率を取るためのスピーカー」であることを知る必要があります。

「それは間違っている」「私の理論が正しいんだ」「いまの政策はひどすぎる」……。でも、よく考えたら、患者は政策や政治家を話題にする、その医師のところに、通いたいと思うでしょうか？

「サイレント・マジョリティ」といわれる視聴者は、またこのテレビ局は広告代理店に頼んで怪しげな医師を探し出してきたな、と思うかもしれません。

私がもし診察を受けるとしたら、テレビや週刊誌に出ない、静かな医師にお願いしたいと思うのです。

面と向き合うのは患者であって、マイクではない、と思うからです。

似たような例で、ゴルフ場に行くと、本来左手にする手袋を両手にはめている人がいます。

この中には外科医が多い、といわれます。手術をするときの利き手を、荒れないようにするためでしょうか。そこまでしてゴルフに夢中になる気が知れませんが。

私はそういう外科医を何人も知っていますが、微妙な手術はしてほしくありません。ちょっと引いてしまいます。

担当医、主治医がどんな医師なのかで、その人の寿命が決まるといっても過言ではありません。

自分の本業を大切にする医師と、上手につき合っていきたいものです。

習慣

40

持病を気にしすぎない

持病とは辞書を引くと「ひどく悪くならないが、常時、または周期的に苦しみに悩む病気」となっています。

花粉症、偏頭痛、アトピー性皮膚炎、胃腸病、高血圧、低血圧、神経痛その他を指すようですが、これだけでも、一つや二つは誰でも持っていそうです。

私も若い時期は偏頭痛、胃腸病、肩こりに長年悩んできました。頭痛と胃痛、下痢は、若い頃に特にひどく、大きな病気にならなければいいな、と自分でも内心、心配していたほどです。

いつのまにか病気を克服していることもある

ところが60代になると、ウソのように、これらの痛みは消えてしまったのです。

それでも、いつ痛みが出てもいいように、それから30年、私はいまでも鞄の中に漢方胃腸薬と頭痛薬を忍ばせています。

なぜ年を重ねていくと、若い頃の持病がなくなっていくのか、医学的な理由はわかりませんが、恐らく「気の持ち方」だと思うのです。

というのも、私の持病は、多くの人が同じように持っているものであり、それでいて、その持病で亡くなった人は、まわりに一人もいなかったからです。

ということは、死病ではない、ということです。

私の時代には結核が死病でした。それに私が学生時代に罹《かか》った肋膜炎は、結核の一歩手前でしたが、青年の病《やまい》といわれ、中年になったら快癒《かいゆ》する、といわれていた時代でした。

それだけに、週刊誌のような、当時としては最悪の職場にまわされても、あまり苦にしませんでした。

ただ胃痛や下痢は、何も食べられなくなるので困りましたが、丁度この頃、幸運なことに、私を支援してくれた料亭の女将や、年上の女性作家たちが、私を支えて、栄養価の高いものを食べさせてくれたのです。

もしかすると私は、戦争をくぐり抜けてきたので、胃腸の力と精神力が人一倍強いのかもしれません。なにしろ、いまでは誰も食べない蛙やたにし、稗《ひえ》、アワなどを常食としていた時期があるくらいですから。

だからいまでも「自分は日本の90歳で一番元気」と思いつづけています。

私のまわりの医師たちも「櫻井さんは、考え方で病気に勝っている」と笑ってくれています。

たしかにそうで、他人には自分の弱みは見せたくありません。その気持ちが、持病に勝つ精神力と肉体を形づくっている気がします。

習慣

41

笑って免疫力を上げる！

いま私の手許《てもと》に『同い年事典』（黒川祥子編・新潮社）という一冊があります。この中の私の誕生年である1931年の項を見ると、高倉健をはじめ谷川俊太郎などの名前を見つけることができます。

90歳を過ぎているわけですから、亡くなっている人が少なくありません。経営などビジネスの世界では、現役から引退している、という人がほとんどです。

人間の能力は加齢と共に落ちていく、と考えられてきました。だから、90歳といえば、多くの人は、もう働く人生は終わったのだから「ゆっくりしよう」と考えるのがふつうだったわけです。

しかし現在では車を運転するなどの「動作性能力」は衰えていきますが、記憶を活用するなどの「結晶性能力」は、死の直前まで低下しない、ということがわかってきているそうです。

たとえば、バイオリンやピアノ演奏者の技術は老いと共に衰えますが、むしろ指揮者は年齢を重ねるほど、すばらしい演奏を示すそうです。

有名な朝比奈隆は、88歳で初めて、シカゴ交響楽団に招待されていますし、小澤征爾は85歳でも、まだ現役の世界的指揮者です。

画家はもっと高齢になっても、名作を残しています。

なぜ、そんなことができるのかといえば、その人の能力が優《すぐ》れているからということも、もちろんありますが、じつは、それよりも「思い込み」の力ではないかと私は思っています。

「60歳だから定年だ」「もう仕事は終わった」と思えば、生きる力が湧いてくるわけがありません。

人間というのは不思議なもので、現役で活発に動いていたときには風邪一つひかなかった人が、ちょっとしたことでも風邪をひくようになる、ということがあるものです。

感染症の対抗策は日常生活にもある

感染症は高齢者の敵です。

老いが免疫力を弱め、ウイルス性の感染症を引き起こすわけです。逆にいえば、免疫力を鍛えれば、感染しても発症しにくい、ということもあるかもしれません。高齢者も例外ではないでしょう。

さて、その免疫力を上げるものとして、「NK（ナチュラルキラー）細胞」の存在が注目を浴びています。NK細胞は、からだに侵入したガン細胞やウイルスを見つけて、いち早く殺してくれる頼もしい細胞です。

この細胞は、笑うことで活性化されることがわかっています。つまり生活の中に〝笑顔〟が多い人ほど免疫力が高まっていくということです。

感染症は高齢者の大敵ですが、日常生活の中にも、対抗策はいくらでもあるものだと思うのです。

習慣
42

いつもと違うことを、そのままにしない

70歳を過ぎると、どんなに健康でも、身体の内部器官すべてが快調、というわけではありません。

朝起きてみたら、右脚がしびれていたとか、便が出なかったとか、小さな異常が起こってきます。

このときすぐ医師のところに行くと、まだ何も原因がわからないのに、2種類くらいの薬をくれるでしょう。

これを何げなく飲んでいくと、不思議なことに、その後ちょこちょこと、医師のところに通うようになり、医師に頼るようになります。

あるいは医師のところに行かないまでも、素人判断で薬局に行き、勝手に風邪薬を買ったり、サプリメントを飲んだりするようになります。

もちろん薬やサプリメントが悪いわけではありません。それによって元気になれるということも、実際にあるでしょう。

ただ、こんなときほど、何か身体に大きな異変が起こったかを慎重に考えてみるのは悪くないように思います。

大きな異変であれば、迷わず大病院に行く手続きをします。

でも大きな異変には、どんなものにも必ず〝前兆〟があるものです。

その前兆にいかに早く気づくか、どう対応するかが、運命の分かれ目であることが少なくありません。

理由もなく、いつもと違う〝異常〟が何日もつづくようなら、素人判断は危険です。

私の場合は何年間もつづけて、朝晩の体温と血圧を測っているので、まず異状や異変はここに出ます。

異変に気づいたら、ホームドクターにすぐ連絡することになりますが、幸いなことに、これまでそういうことはありません。

また、異変があろうとなかろうと、2ヵ月に1回の割合で、診察を受けています。

〝異状〟を感じたら即、医師に相談しよう

ところで「異常」と「異状」では、医学的には、少し意味が異なるようです。「異常」は通常と異なることですが、「異状」は、異常な状態を指しています。つまりノーマルでないことが起こったか、そのノーマルでない状態がつづいているかの違い、といってもいいでしょう。

仮に朝一回だけ下痢をしたら、異常ですが、たとえば前日に、そうなる可能性のタネがあって、その日一日で治れば、とりあえずは心配なし、と判断してもいいでしょう。けれども、それが何日もつづいたら「異状」です。

異状に気づいたら、即、家族や医師にそれを伝えることです。高齢者にとって大事なのは自分の「異常」と「異状」を把握することです。

あまりに薬と医師に頼るのは危険ですが、異常がつづくようなら、異状が起こったのですから、迷わず医師の判断を仰ぐようにしては、いかがでしょうか。

第7章

「100歳まで元気」を誓う!

習慣
43

力仕事をやめない！

時代小説の作家の中には「小説は力仕事だ」という人もいるくらいで、現場に立ち会っていると、よくわかります。

それというのも、歴史の資料は片手で持ち上がらないくらい重いのです。つまり、そうした資料を使いこなすだけでも、それなりの体力が必要になります。

多くの人は、定年後は、力仕事らしきことをまず、ほとんどしないでいい生活になっているのではないでしょうか。

私は、55歳から書き始めて、35年間に220冊ほど出版しました。つまり、多くの人が定年でのんびりし始める年頃から、一種の力仕事を始めたわけです。

おかげでこの年になっても、両腕の力は意外にありますし、座る立つ生活の連続で、両膝、両腿《りょうもも》、両足も比較的強いほうだと思います。

あえて面倒な動作、習慣で体力をつける

いま、この原稿を私は和机で書いています。洋机もありますが、椅子に座って書くのは、短い原稿だけと決めています。

それに対して、一冊を書き下ろすようなときには、畳に座って和机で書きつづけます。

それはなぜか？　理由はいくつもあります。

食事に立つ、トイレに立つ、資料を取りに立つ、気分転換に立つ、散歩に立つ……このとき、和机だと、いちいち「よっこらしょ」と立ったり座ったりしなくてはなりません。

この動作を試みにやってみてください。恐らく膝ががくがくしたり、腕もしっかり使わないと、立ち上がれないかもしれません。

それにちょっと正座をしようとしても、70歳できちんと座れる人は、案外めず

らしいのです。

和机を長く使ってきた私は、90歳になった今も、それができます。

和机を使う理由は、それだけではありません。

机上や左右の畳の上に、重い辞典から各種資料や参考本が積んであります。一種の知的要塞《ようさい》の感があります。この資料を片手、特に左手で扱ったり、めくったりするには、ある程度の力が必要です。それに私は長い原稿になると、自分の手で書くので、指先にしっかり力がこもります。

そうした長年の習慣が、いまの私をつくっているのだと思います。90歳になって現役の作家として活動できるのだと思うと、我ながら、いい習慣によくぞ出会えたものです。

習慣

44

原稿を書く！

私は本気を出すと、ほぼ一冊を、1ヵ月で書き上げます。

原稿を書くというのは、実際に体験してみると、かなりエネルギーを消耗《しょうもう》するものです。

長い原稿はもとより、短い、ちょっとした原稿でも、書き終わると「脳を使った」ということを実感します。

それだけ大変だということですが、だからこそ、脳にもいい影響を与えていると、私は確信しています。

私がボケずに今日まで来られたのは、原稿を書いてきたからだと思うほどです。

私のところには、自分の本を書きたい、出したいという方が、講座で大勢勉強しています。

しかし現在の出版界は、素人が出しても、なかなか売れるものではありません。

そういう中で、私は「なぜ本を出すか？」という目的を、少し変えてみたらどうか？　とも考えています。

一言でいうならば「健康のために書く」という目的です。

健康本はたくさん出ていますが、それは専門家、あるいは研究家が、自分の方法を多くの人に知らせたい、という目的です。

そうではなく、自分の目的のために書くわけです。そうなると、仮にそれが出版されなくても、自分の健康のためになるので、一応の目的を果たすことになります。

多くの人はランニングにしても、ウォーキングにしても、選手になりたくて練習しているのではありません。

自分の健康増進のためでしょう。

それと同じように、頭脳を衰えさせないために、書いて書いて書き抜くのです。

本を出すつもりで始めてみよう

しかし、ただ書いても、発表できないと、書く気が萎《な》えていくでしょう。実はそうではないのですが、多くの人々は、そこがわかりにくいかもしれません。

仮に私だったら出版できない本を書きつづけても、『70歳から90歳まで100冊書いて、ボケを防いだ』という本を出すでしょう。

これならどの出版社でも、注目するからです。どういうテーマを書いたから、これだけ元気なのか？　興味を抱かれると思います。

それはともかく、一冊書いたら電子書籍にしていきましょう。売れなくても電子化するだけで自己満足に浸ることができます。

何より今は、初心者でも簡単にAmazon《アマゾン》などから電子化し、本として売り出すことが可能です。

病気にかかる費用を、そちらにまわすつもりで、冒険してみませんか？

習慣

45

スマホをとことん利用する

高齢になると、視力が衰えます。この視力こそは、自分をボケさせない兵器といっていいでしょう。

できれば眼科医に診てもらいましょう。一日のうちで「話す、聞く、見る（読む）」の三つの機能のうち、一番使うのは見る（読む）時間です。

考えてみれば、テレビ、新聞、週刊誌、書籍、スマホだけでなく、私たちは一日中、目を使っています。

中でも、漠然と景色を見ている時間よりも、脳をフル回転させるニュースを見て、考える時間が重要になります。私は朝から夜中まで、スマホを身近に置いて活用していますが、これにより、若い人たちと対等につき合うことができます。

これまで多くの高齢者を見てきましたが、早く衰える人ほど、高圧的です。自分を大きく見せたいからです。上から目線で話している人ほど、早く死ぬと思って間違いありません。

若い人たちやまわりを威圧して、自分の存在を確認したい、いや確認させたいのです。

しかしそういう人は、そこで、頭脳が止まっていることがわかります。現在はその過去で食っている、ということです。

情報収集の手段をふやしていこう

若い人たちは、特にそういう人から去っていきます。だから一人ぼっちになって、あっという間にボケてしまうことがあるのです。

私は多くの仲間で、このタイプを見てきているので、まずスマホを最大活用し、最新ニュース、あるいは面白情報を分単位で仕入れています。このとき大事なことは、政治、経済という、高齢者の得意分野の話は一切しません。

これだと、若い人たちと共通の話が成立します。

ここで重要なことは、若い人たちは、高齢者の成功体験や考え方、時代をどう読んできたか、人脈をどうつくってきたか——といった話を、どんどん聞きたいし、勉強したいのです。

できれば、その人の持っている人脈を知りたいし、紹介もしてほしいのです。

ところが多くの高齢者は、現在に興味がありません。いや、興味はあっても、どうやって情報を集めていいのか、わからないのです。

私はスマホの機能の中で、高齢者が使えるものを教えてもらい、最大限に活用し、若者たちとつき合っています。ともかくスマホを手から放さないこと。

いまの時代は、たったこれだけで、世の中とつながっていることができるのです。

習慣

46

働く！　参加する！

70歳になると、あなたは「もう仕事には就《つ》けない！」と思っているかもしれません。

たしかに会社勤務というのは狭き門かもしれませんが、あきらめる前に、もう一度、周囲を見渡してみませんか？

たとえば「coconala《ココナラ》」という企業があります。

スマホ上で、個人のスキル（特技・知識・知恵）を売ったり買ったりすることができる、という新しいマーケットです。

たとえばあなたに特別なスキルがあるなら、ここに登録してみてはどうでしょう？　あるいは反対に、ここに出ている提案の中で、自分にできることがあるか、探してみてはいかがでしょうか？

自分の思いがけないスキルに気づくかもしれません。たとえ報酬は少ないとしても、そこに参加することで、「自分が役に立つことがあるのだ」という使命感、躍動感が起こるのではないでしょうか。

●活用できる自分のスキルに気づく

これに似た企業は、いま何社もあります。恐らくこれから益々、ふえていくでしょう。なぜなら、高齢者が社会の第一線から去っていくと、ぽっかりと穴のあく部分がふえてくるからです。

高齢者には思いがけない知識や知恵があります。それをマーケットに出してみると、意外に大きな反響があるかもしれません。

もっともこれは、高齢者用の舞台ではありません。誰でも参加できるものです。その意味では、若さや体力、情報処理力などが求められる仕事の場合には、ライバル多しの可能性があります。

自分の経験やスキルが活かすには、どういう提案ができるかを考えてみましょう。仮に私であれば、占いで参加することができそうです。あるいは、原稿のゴーストライターをしますよ、と出せば、間違いなく注文がくるでしょう。

数学好きのあなたなら、夏休みに「数学の宿題引き受けます」と出したら、注文が殺到するかもしれません。

高齢者には、時間だけはたっぷりあるのですから、どんな提案でもできるのではありませんか？

いまは「プラットフォーム」ビジネスが花盛りです。一言でいえば、舞台、壇上を指す言葉ですが、オンラインでさまざまなビジネスが展開されています。

いまこのビジネスに少しでも関わっていると、この先、どんどん広がっていくことは間違いありません。

ときには、楽しみながら参加できる仕事が見つかるかもしれません。

私もスマホでこの種の仕事を、毎日見ていますが、それだけでも楽しくなるし、ときに、お手伝いしたくなってしまいます。

あなたも探してみませんか？

習慣 47

目標は数字で示す

私が現在目指している目標は、次の三つです。

(1)5センチ

(2)0・5センチ

(3)500人

これは何だ? と思うでしょうが、この三つを成就すれば、ラクラク100歳まで、現役で働いていけると思っています。

いや、これは私だけでなく、現在70歳の人なら誰でも、目標にしていい数字だといえます。

具体的、現実的に実践していこう

もったいぶったいい方をしましたが、まず最初の5センチとは一歩の歩幅を、現在の63~65センチから68~70センチに伸ばしたい、と思っています。

毎日の散歩で測っているのですが、平均すると、少し前まで一歩の幅は、63センチ強でした。それでも、最近は65センチぐらいのときもあります。これを68〜70センチまで伸ばせば、大分若返ることになります。

iPhone《アイフォン》に入っている「ヘルスケア」を見れば、毎日の歩幅が出るので、私はこの目標達成を楽しみにしています。

二つ目は背丈です。つまり身長ですが、年と共に縮んでいきます。これは当然ですが、私の場合は、169センチから165センチまで、4センチ低くなってしまいました。

これを何とかこの10年間で、5ミリでも伸ばしたい！　と思っているのです。簡単に5ミリといいますが、これが大変です。毎年縮んでいくのを食い止めて、逆に伸ばすのですから、至難の業です。

背骨一つ一つの隙間が狭くなる。水分が少なくなるので背が縮む。それに背中や腰が曲がります。これらを乗り越えて、5ミリでも伸びたいわけです。

看護師さんも笑顔で応援してくれているので、必ずなし遂げたいと、張り切っています。

さらに500人というのは、私のまわりに常時いる、若い友だちの数です。

YouTubeの登録者数を加えたら、1万人以上になってしまいますが、できれば、お名前や顔を見て確認できる人の数が500人いたら、死んでいくときも安心です。

冗談は別として、顔と名前が一致する人の数を多くすれば多くするほど、元気で長生きするのだそうです。

まず、自分の名前を忘れないところから始めて、常時、現在形で500人の友人がいたら、120歳くらいまで、生き延びる気がするのですが。

とりあえず、まだ自分の名前をスラスラ言えるし、書けるし、この原稿もゴーストライターを使っていません。誤字もないので、ひとまず安心ですが。

習慣

48

常に10年先までの予定を立てる

私はこれまで、多くの作家の葬儀に参列してきましたが「悲しみ」と同時に「もったいなかったなァ」という気持ちを抱いてしまいます。

これは私だけでなく、各社の担当編集者も同じ思いらしく、通夜の席では、「きみのところでは、次に何を書く予定だったの?」という話が出ることも、少なくありません。

流行作家になると、十社ほどが、常に詰めかけていて、くじ引きで順番を決めることもあります。

そうなると、軽く10年先の予定を超えてしまうほどで、私は「10年」という数字が、いつの時代でも、当たり前と考えてしまうのです。

しかしこれは何も流行作家だけではなく、企業でも10年先の予定を決めるのは、常識でしょう。

また同じように、私たち個人でも「30歳で結婚、35歳で出産、40歳で住宅購入」といった10年計画を立てているのではないでしょうか?

予定には短期予定と長期予定があり、多くの人は、短期予定だけを立てるクセがあります。

その日一日の予定だったり、長くても、一週間ほどのスケジュールしか考えません。

予定を立てただけで、元気が出てくる

私はいままでも、常に10年間の予定を考えています。

この中で、一番後まわしにする予定が「墓を決める」計画です。

10年先まで元気でいるという予定で、スケジュールを決めているのですから、墓は予定外です。

このように、働く予定を常に決めておくと、病気も近づかないのではないでしょうか。

もちろんそれは予定上のことで、予定外、予想外のことは、常に起こります。

しかしまず、次の10年間に何をなすべきかを心に決めておくことが大事だ、と私は思っています。

私がこの10年間でなすべきことは、新刊を出していくのは当然として、これまで本になっていない、厖大《ぼうだい》な量の雑誌、ネット連載やエッセイを電子書籍にすることです。

これができて初めて、私の一生が締めくくれると考えています。

実際にそれを成しとげるのは、そう簡単ではないでしょう。でも簡単でない目標だから面白いし、楽しみにもなります。

あなたも思い切って、遠大な計画を立ててみては、どうでしょうか？

そう考えただけで「これは当分死ねないな」と、元気が出てくるものです。

習慣

49

競争、競技、ゲームを楽しもう

一般論として、若さのない人は「怒」はあるものの、「喜哀楽」の三感情に乏しいといわれます。

そこで老人ホームなどでは、競争・競技が広く取り入れられています。これによって、喜哀楽の感情が、全員に生まれるからです。

中でも「勝った」「負けた」という感情は、顔の表情だけでなく、心の中まで動かします。また脳内でも「いかにしたら勝てるか」「なぜ負けたのか」という計算が働きます。

その一瞬だけは、70歳といえども50歳くらいの、いや、時には10代の頃の感情まで吹き出てくるものです。

これが、脳内を揺り動かすのではないでしょうか。

その点、老人ホーム側もよく研究しています。

ただこの種のホームでは、レベルを一番下まで落とすため、つまり10代よりももっと下の幼児扱いしてしまうことで、ときには、その人のレベルまでも落とすことになりかねません。

オンライン、アプリを活用する

ところで、いま現在70代の男性であれば、囲碁、将棋のどちらかに強いのではありませんか？　麻雀も打てる人が多いと思います。

そんな時代を通り抜けてきただけに、いまの若者と遊び方が違う気がします。私は麻雀の名人、阿佐田哲也、五味康祐《ごみやすすけ》の二人の作家から「お前は麻雀はうまくならないから、やめろ」とアドバイスされたので、趣味を将棋一本に絞りました。

私は日本将棋連盟の四段位を持っているのですが、この勝負事で頭を使うのも、長生きにプラスになっていることは、間違いありません。

昔であれば勝負するにしても、相手を探したり、その場所に行かなければなりませんでしたが、いまでは将棋もスマホのアプリで遊ぶことができます。

勝負事は、脳の活性化に効果をもたらすようで、実際、勝負事で名人クラスまで昇った人は、ほとんど長生きです。

現代の将棋界の人気者、加藤一二三《ひふみ》さんは九段位で引退しましたが、現在81歳で、まだまだ元気です。

囲碁、将棋だけでなく、アプリやゲームで、テニスやサッカーなどのスポーツを体感することもできます。

ゲームの選手権に参加することも可能です。

便利になった時代の進歩を楽しんでいきましょう。

習慣

50

自分の「生きた証」を残そう

誰でも、この世に生きた証を残したいものです。そのために名刺をつくる、という説もあるくらいで、いまでいえば、ネット上のウィキペディアに自分の名前を残したい、という人が多いのではないでしょうか。

女性はこれまで、子どもを残すことが一つの目標になってきましたが、現在ではすでに、自分自身の存在を残したい！　という女性のほうが、多くなってきています。

また最近では「自分の書いた絵や本を残したい」という人が、圧倒的にふえてきました。

それぞれ、すばらしい考え方です。

古くは、神社などの灯篭《とうろう》や絵馬に自分の名前を残すなど、神社仏閣には、その種の奉献物が多く遺されています。

現在では、誰でも印刷物や声、あるいは実物のビデオなど、残しやすくなってきました。

私はお一人お一人が、ぜひとも何か一つでも残したほうがいい、と思っています。

プランを考えるだけでも楽しくなる

私は叶えられるかどうかは、わかりませんが、山崎大地さんという宇宙飛行士に「土星の環《わ》のかけらを土産に持ち帰ってくれ」と依頼してあります。

山崎さんは土星を目標としている宇宙飛行士ですが、この依頼を快諾していますす。いや、むしろ「お世話になったお礼に必ず持ち帰る」と、私に約束してくれているのです。

土星往復は十数年かかるだけに、まだ当分先ですが、私という人間が生きていたことで、きずな出版には十数年後、土星のかけらが保存されることになるのです。

これだけでも「櫻井秀勲」という男が生きた、証になるのでしょう。

きずな出版は「土星の環に祝福された会社」になるのです。

さらにこの土星の環は、日本の玩具コレクターの北原照久さんに保管、展示を依頼しています。

私としては、なかなかの「生きた証」と考えています。

90歳になって、まだこういうプランの出る自分をうれしく思いますが、これも現在まで、元気でいられたからだと、自信も抱いています。

まだまだ100歳までは、自分自身を信頼していますが、あなたも今日からフルに頭脳を回転させ、まだまだ元気をつづけていこうではありませんか？

習慣

51

習慣を忘れてもＯＫ！

誰でもが、考えた通りの人生が送れるわけではありません。この本には、ざっと50ほどの習慣が書かれていますが、その全部を実行したら大変です。

私自身もその時期によって、大切にする習慣もあれば、忘れてしまう習慣もあります。

それでも、世間でいうところの定年時期である、60歳くらいから90歳までの「30年間」に使ってきた習慣です。いや、これからもつづける習慣もたくさんあります。

70歳だから、この中の「この部分が大事そうだ」「75歳くらいになったら、あの習慣がよさそうだ」と、それぞれ「○」「△」「×」などを記していただき、使えそうな習慣だけにしぼっていただければ幸いです。

その代わり、本棚に差し込んでおいていただき、思い出した頃、またパラパラとめくっていただくと、多分また新しい項目に目がいくと思います。

人生の最終コースに入ったからには、楽しんで過ごしましょう。楽しむためには、あまりきびしい習慣をつづけないほうがいいでしょう。

私はできるだけ薬を飲まないでいいように、医師に相談します。

薬を飲まないで、日常生活習慣で代用できないか……。

サプリメントを使わないで、日常生活習慣で代用できないか……。

というのは、それらのものに頼りはじめると、依頼心が強くなり、健康そのものより、薬品やサプリメントのほうが大事になってしまうからです。

自分に合う習慣だけをつづけていけばいい

もちろん、人それぞれ、症状や日々の常態によって、最善の習慣をつづけることが大切です。ただその習慣を忘れていても、元気であるなら、忘れてしまいましょう。

ただし医師から指示されていたら、それを日常的に守ることは、当然ですが。

私のずるいところは、一つの習慣を忘れても変化がないなら、その習慣を忘れたり、捨ててしまうところです。

長年、マスコミにいて、多くの人を見てくると、まじめな人、不まじめな人、医師のいい付けを金科玉条のように守る人、医学的エビデンスもないサプリメントを飲みつづける人、さらにその効果を吹聴《ふいちょう》する人などさまざまなタイプがいます。中でも、もっとも危険な人は、効果を吹聴しながら、自分ではそれを守っていない人です。

これらの人たちは、顔も出しませんし、名前も隠します。しかしスマホで見るかぎり、結構大勢いるので「本当かな」と、疑いつつ、信じてしまうのです。テレビの女子アナの「ステルスマーケティング」が、その好例ですが、現在は有名人がその効果を宣伝するものほど、危険と思ったほうがいいでしょう。

若い頃であれば、あなたにも真偽を調べるルートがありましたが、高齢になると、そのルートを持たない人が多いのです。

習慣47に「若い友だちを500人持ちたい」と書きましたが、実は多くの友人がまわりにいると、高齢者としては安心だからです。

詐欺かそうでないか、といった事例も、相談に乗ってもらえるのです。

仮に第一線で働いていた経営者でも、70代、80代となったら、こちらから手を伸ばさないかぎり、若い人から寄ってきてはくれません。

自分の知識や知恵では限りがあるし、下手をすると、古くさい実例を知っているだけかもしれません。

特に女性は、何事も勝手に一人で決定してはならないでしょう。

悪知恵の発達している男たちは、集団でその悪知恵に磨きをかけているからです。日常はできるだけのんびりと、どうしても決めなければならないときは、何人かの方に相談できる、という生活と習慣が持てれば、最高でしょう。

自分に合った習慣だけ抜き取って、あとは当面忘れてしまいましょう。

もしかすると、それが幸運を引き寄せる最高の習慣かもしれません。

おわりに

子どもの頃の好奇心を思い出そう

私はノーベル賞作家の川端康成先生が69歳も間もなく終わるという時期に、鎌倉のご自宅でお目にかかり、文字通り、最後の編集者となりました。

ご存じの方も多いと思いますが、先生は笑わない作家として有名でした。テーブルを挟んで大きな目でこちらを凝視《ぎょうし》したまま、ほとんど言葉も発しないのです。ではもうボケていたのかといえば、とんでもない。ノーベル賞受賞の際の『美しい日本の私―その序説』は、すばらしい文化論です。

私はこの大作家の笑顔を見てみたい――その一心で、何回も鎌倉のお宅を訪ねました。

そしてある日、先生がこれから東京に出るというので、タクシーに乗って、駅までご一緒したのでした。先生を送り慣れている運転手で安心でしたが、ある交差点で、突然「降りたい」というのです。

私は一瞬驚きましたが、運転手は「ここでお待ちします」と私に合図してくれたので、先生の鞄を預けて、私も一緒に降りたのでした。

なぜこんなところで突然、止めさせたのか、まったくわかりませんでしたが、先生は信号を渡って、反対側の道を逆戻りしはじめたのです。それほど広い道ではありませんでした。

ところが先生の足は意外にはやく、あるところで突然、先生の姿を見失ってしまったのです。私はあわてて駆け出したところ、何と！ 道端の金魚掬《すく》い屋さんの前で、子どもたちと一緒にしゃがみ込んでいるではありませんか。

私はそのとき、あっけに取られた、というのが正直な印象でした。「それなら一言おっしゃってくださってもいいだろう」と、思ったのです。

そんな私がいることを知ってか知らずか、子どもたちが歓声を上げながら、金魚を掬《すく》っている様子を、ただ黙ってじっと見つめているのです。

私も仕方なく、反対側にしゃがんで見ていたのですが、15分ほどすると、一瞬、照れたような顔で私を見て、また一人でタクシーの方角に歩き出したのです。

私はこのとき〝先生は笑った〟と感じたのです。ちょっと恥ずかしそうな照れ笑いと、私は思ったのでした。70歳近くなっても、先生は少年の心を失っていない、と思ったのでした。

恐らく走っている車の窓から、反対側を見ていたとき、この金魚屋さんの風景が見えたのでしょう。それをただ見すごすのではなく、車を停めさせ、そこまで戻って、その雰囲気を身体で実感する……。

私は〝これこそノーベル賞作家だ!〟と心の中で感嘆《かんたん》したのでしたが、この川端先生の「少年の心」を、私も100歳まで持ちつづけたいと、いまでも思っています。

●著者プロフィール

櫻井秀勲（さくらい・ひでのり）

1931年、東京生まれ。東京外国語大学を卒業後、光文社に入社。遠藤周作、川端康成、三島由紀夫、松本清張など文学史に名を残す作家と親交を持った。31歳で女性週刊誌「女性自身」の編集長に抜擢され、毎週100万部発行の人気週刊誌に育て上げた。55歳で独立したのを機に『女がわからないでメシが食えるか』で作家デビュー。以来、『運命は35歳で決まる!』『子どもの運命は14歳で決まる!』『60歳からの後悔しない生き方』『70歳からの人生の楽しみ方』『80歳からの人生の楽しみ方』『昭和から平成、そして令和へ 皇后三代――その努力と献身の軌跡』『誰も見ていない 書斎の松本清張』『三島由紀夫は何を遺したか』『70歳からの人生の整え方』など、著作は220冊を超える。

- 著者公式HP
  https://www.sakuweb.jp
- YouTubeチャンネル「櫻井秀勲の書斎」
  https://youtu.be/M1PdRnidnko
- オンラインサロン『櫻井のすべて』
  https://lounge.dmm.com/detail/935/

70歳からのボケない生き方

自分も家族も幸せになる51の習慣

2021年 9 月30日　第1刷発行
2021年10月26日　第2刷発行

著　者　櫻井秀勲

発行者　岡村季子
発行所　きずな出版
東京都新宿区白銀町1-13　〒162-0816
電話 03-3260-0391
振替 00160-2-633551
https://www.kizuna-pub.jp/

ブックデザイン　福田和雄(FUKUDA DESIGN)
編集協力　ウーマンウエーブ
印刷・製本　モリモト印刷

ISBN978-4-86663-150-9

きずな出版